LE

MANNEQUIN

COMÉDIE EN TROIS ACTES

PAR

MM. PIERRE GIFFARD ET PHILBERT BRÉBAN

PARIS

TRESSE, ÉDITEUR

GALERIE DU THÉATRE-FRANÇAIS, PALAIS-ROYAL

—

1880

Tous droits réservés.

LE MANNEQUIN

COMÉDIE EN TROIS ACTES

Représentée pour la première fois sur le Théâtre-Déjazet, le 11 novembre
1880.

Imprimerie générale de Châtillon-sur-Seine, Joanne Robert.

LE

MANNEQUIN

COMÉDIE EN TROIS ACTES

DE

MM. PIERRE GIFFARD & PHILBERT BRÉBAN

PARIS

TRESSE, ÉDITEUR

GALERIE DU THÉATRE-FRANÇAIS

PALAIS-ROYAL

1880

PERSONNAGES

CORNEILLE DUCOLLIER, ancien député............... MM. Béjuy.
ARCHIMÈDE DUCOLLIER, négociant............... P. Gourdon.
HERCULE, leur neveu....................... Hurteaux,
SIMPSON, couturier....................... Demoulin.
LÉOPOLD DE SAINT-CHAMOND................... Maxnere.
BONISSOL, négociant....................... Tony Seiglet.
UN COMMISSAIRE DE LA SOCIÉTÉ CONTRE LE
  PHYLLOXERA....................... Octave.
FLORENTIN....................... Brunel.
JOSEPH .... Edgar.
SUZANNE, mannequin....................... Mmes Van Dyck.
ARMANDINE, femme d'Archimède............... Renée Dolsy.
ZOÉ, demoiselle de magasin................... Hordez,
MADAME BONISSOL....................... Marie Blanc.
AGNÈS BONISSOL, sa fille .... Ribes.
VICTORIA DE SAINT-FLORIN................... Mario.
UN CHASSEUR....................... ⎱
UN FACTEUR DU TÉLÉGRAPHE............... ⎰ Durand.
CLARISSE, essayeuse, demoiselle de magasin....... Georgette.
BERTHE   id.   .... Blanche.
EDMÉE   id.   .... Baude.
ÉMILIE   id.   .... Lina.

Pour la mise en scène plus détaillée, s'adresser au théâtre, à M. Chevalier-Valette, administrateur général.

Les indications sont prises de la salle.

LE MANNEQUIN

ACTE PREMIER

Un salon richement meublé. — Au premier plan, à gauche, cheminée. — Lampes allumées. — Un peu au-dessus, un canapé, face au public. — A droite, une table de jeu. — Portes latérales et porte au fond.

SCÈNE PREMIÈRE

CORNEILLE, ARCHIMÈDE.

Au lever du rideau, les deux frères sont assis en face l'un de l'autre, à droite *. Archimède lit un journal.

CORNEILLE, regardant sa montre.

Archimède?

ARCHIMÈDE.

Corneille?

CORNEILLE.

Mon frère.

* Corneille, Archimède.

ARCHIMÈDE.

Eh bien! après?

CORNEILLE.

Il est sept heures et demie. Dans trente minutes qui me
semblent des siècles, l'éducation de notre neveu Hercule va m'appartenir.

ARCHIMÈDE.

Hélas!

CORNEILLE.

Tu n'as pas besoin de soupirer; tu as signé comme
tout le conseil de famille, devant le juge de paix, après
la mort de notre frère Hippolyte.

ARCHIMÈDE.

C'est vrai. Mais je l'ai bien regretté depuis.

CORNEILLE.

Le fait est qu'élever un enfant quand on n'en a jamais
eu...

ARCHIMÈDE, se levant.

Toi, tu es garçon, je conçois que tu n'en aies jamais
eu; mais, pour moi qui suis marié depuis huit ans à
une femme charmante, cela ne se comprend pas.

CORNEILLE, se levant.

C'est ton affaire. Ah! sans l'idée de génie qui m'est
venue à ce moment-là...

ARCHIMÈDE.

Oui, couper en deux sa jeunesse.

CORNEILLE.

A toi, homme pusillanime et rétrograde, le conseil de
famille a confié l'enfant de quinze à vingt ans; à moi
dont le projet sur l'éducation expérimentale sera l'évé-
nement de la prochaine législation...

ARCHIMÈDE.

Quand on aura voté la dissolution...

CORNEILLE.

Et que les électeurs de la Marne-Inférieure m'auront
de nouveau investi de leur confiance. A moi, homme de
progrès, l'adolescence de la vingtième année...

ARCHIMÈDE.

Jusqu'au jour du mariage.

CORNEILLE.

C'est le fameux article 7 de la délibération.

ARCHIMÈDE. Il se rasseoit.

Le juge de paix n'en revenait pas.

CORNEILLE, tirant un papier de sa poche.

Article 7 : « *A ce moment.:. l'éducation d'Hercule ap-
partiendra exclusivement à son oncle Corneille Ducollier,
actuellement député,* (Ils m'ont dégommé depuis, mais
comme ils me regrettent) *actuellement député de la Marne-
Inférieure, jusques et y compris le jour de son mariage
qu'il aura mission de préparer.* »

ARCHIMÈDE.

C'est bien clair.

CORNEILLE.

Et son mariage avec Agnès Bonissol doit se faire juste
dans trois mois, le 30 avril.

ARCHIMÈDE, se levant.

Hélas! la loi des affaires le veut ainsi! Bonissol commence à radoter, toi aussi, moi aussi, sa maison de porcelaines fait tort à notre maison de cristaux...

CORNEILLE.

Et notre maison de cristaux...

ARCHIMÈDE.

... Fait tort à son magasin de porcelaines, j'allais le
dire. Nous fusionnons ces deux grosses industries *Ducollier frères* et *Bonissol* en une seule et même raison so-

4   LE MANNEQUIN

ciale *Hercule Ducottier-Bonissot*, successeur de ses oncles et de son subrogé-tuteur. Ah! qu'un mariage intelligent simplifie donc les affaires!

CORNEILLE.

Certainement. Mais encore pour qu'un mariage soit intelligent, faut-il que le mari soit. .

ARCHIMÈDE.

Ah! te voilà reparti avec ta théorie absurde.

CORNEILLE.

Absurde! une théorie nouvelle sur la grave question de l'Enseignement, celle qui passionnera les esprits les plus indifférents à la fin de ce siècle! Mais le législateur s'en léchera les barbes, de ma théorie, entends-tu?

ARCHIMÈDE.

Laisse-moi donc tranquille.

CORNEILLE.

Mon plan est tracé, je n'en dévierai pas. As-tu lu Quintilien? Non, n'est-ce pas? ni Machiavel, ni Jean-Jacques-Rousseau. — Ah! Jean-Jacques Rousseau, quel homme, mon ami... on parle de l'éducation des enfants! Eh bien! moi je prends Rousseau, je prends Machiavel, je prends Quintilien et je prends Emile Zola, car Emile Zola, aussi, est de mon avis, je pétris tout cela ensemble et je crée : *l'Education expérimentale*.

ARCHIMÈDE.

Tu ferais bien mieux de créer un service de douze couverts, nouveau modèle, on ferait de l'or avec.

CORNEILLE.

Autrement dit : l'éducation du jeune homme par la femme légère, ou mieux encore... l'entraînement préalable en vue des délicates obligations du mariage.

ARCHIMÈDE.

Ah! par exemple.

CORNEILLE, prenant un livre dans une autre poche.

Ecoute-moi ça. « Le vrai moment de la nature arrive enfin! Il faut qu'il arrive. Quand vient l'instant critique, quittez à jamais avec Emile... (Emile ou un autre, peu importe) votre ancien ton. C'est un homme, traitez-le désormais comme tel. Vous êtes en face de lui... (Ecoute ça.) le ministre de la nature! Et Rousseau, car c'est Rousseau...

ARCHIMÈDE.

Au diable!

CORNEILLE.

Et Rousseau ajoute : « Cherchons-lui une maîtresse... »

ARCHIMÈDE.

Hein!

CORNEILLE.

... Moi, je vais plus loin que ce grand maître.

ARCHIMÈDE.

Tu vas plus loin que Rousseau. Ah! par exemple...

CORNEILLE.

On voit dans les procès en séparation des arguments si bizarres... Tiens, Bonissol, le subrogé-tuteur. Je l'ai vu se marier... Il était bien naïf.

ARCHIMÈDE.

J'en conviens, c'était un âne. Mais il s'est rattrapé depuis... Il paraît que mademoiselle Victoria de Saint-Florin, une artiste des Folies-Ephémères, en sait quelque chose. Enfin, ce n'est pas notre affaire.

CORNEILLE.

Mais toi-même dont la femme est charmante...

ARCHIMÈDE.

Hein?

CORNEILLE.

Quand tu t'es marié...

ARCHIMÈDE.

J'étais un âne? Répète un peu, répète.

CORNEILLE.

Elevé à l'ancienne mode, tu étais un peu... innocent...

ARCHIMÈDE.

J'en appelle à Armandine!

CORNEILLE.

Ta femme? (A part.) ce n'est pas pour dire du mal de ma belle-sœur, mais le luxe de sa toilette... (Haut.) Justement la voici...

SCÈNE II

LES MÊMES, ARMANDINE, entrant par la gauche, deuxième plan.

ARMANDINE.

On parlait de moi?

ARCHIMÈDE.

Oui, ma chérie. Corneille prétendait que lors de notre mariage, j'étais encore, comment dirais-je?

ARMANDINE *.

Oh! Archimède.

CORNEILLE, à part.

Est-il bête? elle est très bien, ma belle-sœur. On dit que... mais les « on dit » c'est le vocabulaire des mécontents.

ARMANDINE.

C'est moi, au contraire, qui étais naïve, timide, embarrassée.

* Corneille, Armandine, Archimède.

CORNEILLE, à part.

Je l'espère bien.

ARCHIMÈDE, la caressant.

Touchants souvenirs!

ARMANDINE, soupirant.

Il y a huit ans de cela!

ARCHIMÈDE, de même.

Et depuis, quelle vie exemplaire que la nôtre!

ARMANDINE, de même.

Quel calme! quelle tendresse!

ARCHIMÈDE, à Corneille.

Montre-nous un ménage comme celui-là avec ton système... naturaliste?

CORNEILLE, regardant sa montre.

Bientôt huit heures! Dans quelques minutes qui me
semblent des siècles...!

ARMANDINE, à part.

Bientôt huit heures... M. Léopold ne saurait tarder, j'ai
mis le yuca sur le balcon. (A Corneille.) C'est juste, l'éducation d'Hercule passe entre vos mains ce soir. Si nous
pouvons vous aider? *   Elle s'assoit sur le canapé.

ARCHIMÈDE, gémissant.

Armandine.

ARMANDINE, à part.

Allons, il va pleurer maintenant.

CORNEILLE, à Archimède.

Ah çà! tu nous laisseras tranquille, toi, ou sinon...
tels autrefois Télémaque et Mentor, nous quitterons Hercule et moi, cette Ithaque du faubourg Poissonnière
pour aller courir le monde... où l'on s'amuse à l'abri de
tes récriminations intempestives.

* Corneille, Armandine, Archimède.

ARMANDINE, empressée.

Faut-il lui préparer une chambre?

ARCHIMÈDE.

Abriter sous mon toit le malheureux que tu vas guider
à la recherche d'une... maîtresse! Jamais!

CORNEILLE.

N'en parlons plus, je vais le caser à l'Hôtel Conti-
nental.

ARCHIMÈDE.

Eh bien, non! je préfère encore le savoir près de moi.
On lui donnera la chambre bleue, couleur de l'innocence qui fait encore sa force aujourd'hui. Qui sait si
demain?...

ARMANDINE.

Oh! Archimède... Corneille, vous ne venez pas ce soir
au bal de la famille Bartavel pour le contrat de leur fils?
J'attends une toilette qui fera bien des jalouses!...

CORNEILLE.

Ma foi non. Vous savez, Armandine, que ces fêtes
sont finies pour moi, il y a beaux jours. La politique
m'absorbe complétement. La question, la grave question
de l'enseignement... je ne sors plus avant les élections,
où je me fais renommer haut la main, grâce à mes petites brochures.

Il va à la cheminée feuilleter ses brochures.

ARMANDINE, à Archimède.

Et vous, mon ami, vous m'accompagnerez?

ARCHIMÈDE.

Non, ma chérie, tu sais combien ces bals me fatiguent.
On m'excusera. Notre ami Léopold, qui valse si bien,
t'offrira son bras.

CORNEILLE.

Et Hercule donc, qui arrive par l'express de huit heures,
de Saint-Malo, où ce réactionnaire l'avait mis en cellule!

Je le lance dès ce soir dans le monde. Ses habits sont
prêts. Il vous accompagnera.

ARCHIMÈDE.

Il ne perd pas de temps. (A sa femme.) Léopold et Hercule! tu seras bien gardée.

On sonne.

CORNEILLE.

C'est lui.

JOSEPH, annonçant.

M. Léopold de Saint-Chamond.

CORNEILLE, au fond.

Ah! au fait, je l'ai fait prier de passer, ce bon Léopold.

ARMANDINE.

Vous! (A part.) Comme il me regarde, se douterait-il
que Léopold?...

CORNEILLE, gaillard.

Oui, j'ai des renseignements très précis à lui demander.

ARMANDINE, à part.

Qu'a-t-il donc? il m'effraye; se serait-il aperçu?...

SCÈNE III

LES MÊMES, LÉOPOLD, entrant du fond.

LÉOPOLD, descendant vers Armandine.

Chers amis, bonsoir... Madame... (Bas, à Armandine.) J'ai
vu le yuca ce matin sur votre balcon. Signal convenu.
J'accours.

ARMANDINE, bas.

Prenez garde, on dirait que Corneille...

1

LÉOPOLD, aux autres. Il remonte.

Vous m'avez fait demander ?

CORNEILLE.

Moi seul, cher ami, moi seul, j'ai à vous entretenir d'un projet des plus graves.

LÉOPOLD, regardant les brochures.

Aïe! Théorie sur l'enseignement? (A part.) Ça va être long, et moi qui voulais aller aux Variétés!

ARCHIMÈDE, avec commisération.

Pauvre Léopold!

ARMANDINE.

Vous nous accompagnerez au bal de contrat des Bartavel, j'attends une toilette magnifique.

LÉOPOLD, à part.

Elle les porte dans la perfection... cependant... (A Armandine.) Je... non...

ARMANDINE.

Comment! non? Vous êtes habillé!

LÉOPOLD.

C'est juste... (A part.) Voilà, les femmes mariées ont du bon, mais elles sont tenaces.

ARCHIMÈDE, à Léopold.

Faites ça pour moi.

LÉOPOLD.

En ce cas... (A part.) Enfin, il y a des compensations.

ARMANDINE.

Je vais m'apprêter, les Bonissol viennent nous prendre vers neuf heures. (A Léopold, amoureusement.) Si vous vous ennuyez trop, nous sommes là.

Armandine, Léopold, Corneille, Archimède.

ARCHIMÈDE.

Je vous suis, Armandine... je vous suis.

Archimède et Armandine sortent par la gauche, deuxième plan.

LÉOPOLD, suivant du regard Armandine, à part.

Oh! vraiment, c'est la perfection même.

SCÈNE IV

LÉOPOLD, CORNEILLE.

CORNEILLE.

J'ai un service à vous demander. C'est ce soir, que l'é
ducation d'Hercule passe entre mes mains.

LÉOPOLD.

Ah!

CORNEILLE.

Or, absorbé comme je le suis par mes travaux poli-
tiques....   Léopold s'asseoit sur le canapé.

LÉOPOLD.

Il y a séance de nuit, si vous voulez vous payer ça, j'ai
des billets.

CORNEILLE, s'asseyant aussi.

Donnez, je n'y manquerai pas... j'ai pensé à un homme
pour piloter mon neveu, jeune et inexpérimenté, dans
le sentier nouveau où, pour la première fois, depuis La-
cédémone peut-être, un oncle tuteur va engager délibé-
rément son pupille.

LÉOPOLD.

Et cet homme?

CORNEILLE.

C'est vous, parbleu!

LÉOPOLD, à part.

Je m'en doutais[*].

CORNEILLE.

Vous connaissez le plan de l'immortel Rousseau? Le mien? celui que je proposerai aux Chambres?

LÉOPOLD.

Comment donc! (A part.) Il est malade.

CORNEILLE.

Hercule est un benêt dont il faut faire un homme; songez que je le marie dans trois mois... Et Alexandre Dumas fils l'a dit : deux catégories d'hommes « ceux qui savent et ceux qui ne savent pas. »   Il se lève.

LÉOPOLD.

Pardon, il parlait des femmes.

Il se lève aussi.

CORNEILLE.

Je vais plus loin, moi, je parle des hommes. Et il n'y a pas à dire, Hercule ne sait pas. Connaît-il seulement?

Il lui parle bas a l'oreille.

LÉOPOLD.

Vous plaisantez!

CORNEILLE, ouvrant un livre.

« Songez qu'à ce moment critique, vous êtes en face » du jeune homme, le ministre de la nature. » Or, entre nous, Hercule n'est pas présentable, tout orgueil avunculaire à part.

LÉOPOLD.

Vous êtes dur.

CORNEILLE.

Je suis juste. Eh! mon cher Léopold. (Il le prend par le bras.) vous êtes garçon, vous, comme moi. (Ils arpentent la scène.) Vous ne savez pas ce que c'est qu'un mari dans un

______

[*] Léopold, Corneille.

ménage. Il peut se laisser prendre aux finasseries de l'amoureux qui vient faire la bête au foyer conjugal...

LÉOPOLD, à part.

Ah! mais!...

CORNEILLE.

Comme aux détours de la femme qui se... distrait en trompant son mari.

LÉOPOLD, à part.

Il sait tout.. (A Corneille.) Je ne peux pourtant pas... je suis d'ailleurs, très occupé.

CORNEILLE.

Je connais vos occupations.

LÉOPOLD.

Plaît-il?

CORNEILLE.

Les femmes, rien que les femmes. C'est pourquoi vous êtes l'homme de mon programme.

LÉOPOLD *.

Vous êtes bien bon. (A part.) Il n'en démordra pas.

Léopold s'assenit sur le canapé.

CORNEILLE, près du canapé.

Voyons... qu'est-ce que demande Rousseau? Une femme. C'est très délicat à vous dire ça... mais... vous me comprenez. Voyons... pourquoi les jeunes gens changent-ils si souvent de maîtresse? C'est parce que celle-là n'a pas ceci, celle-ci n'a pas cela... Eh bien! la personne dont nous parlons... doit réunir toutes les qualités ordinairement semées çà et là... Ce doit être une synthèse. Où la rencontrer, me direz-vous? Eh bien! ça se trouve. Tenez, connaissez-vous le capitaine Legoff, de la *Fulgurante?*

LÉOPOLD.

Je crois bien, le joyeux capitaine Legoff! il est parti ce

____
* Léopold, Corneille.

soir même pour Trieste. En voilà un farceur qui s'en
paye, quand il est à Paris.

CORNEILLE.

Parbleu! il fait tant d'économies à bord... L'autre
jour, je lui exposais, pour la millième fois, mes théories
sur l'éducation expérimentale, lorsqu'il me fit une confi-
dence.

Il tire un portrait-album d'une enveloppe.

LÉOPOLD, se levant et à part.

Sapristi! Je me méfie des fumisteries de Legoff.

CORNEILLE, le suivant *.

Vous allez voir. « Mon cher ami, me dit Legoff, je suis
depuis longtemps pénétré de l'excellence de votre système... » Vous savez, Legoff, il a toujours l'air de bla-
guer, mais il est très sérieux... « Vous êtes un apôtre, me
dit-il. Eh bien! pour vous témoigner toute la part que je
prends à votre campagne pédagogique... voilà la personne
à qui je confierais mon neveu, si j'étais à votre place. »
Et il me remit ces photographies... « Ça, me dit-il, c'est la
femme idéale... Avec cette femme-là, jamais un mot, jamais une scène. La discrétion même, et en même temps
la beauté, la perfection. Je deviendrais criminel, si je
vous donnais autre chose que son adresse. Allez-y car-
rément, c'est la seule dans Paris qui réponde à votre admirable projet. » Vous comprenez, Léopold, que j'ai sauté
sur cette piste avec enthousiasme.

LÉOPOLD, narquois.

Oui... mais le nom de cette femme? (À part.) Quelle
drôle de commission!

CORNEILLE, agitant le portrait.

Legoff se fût jugé criminel, mais l'adresse suffit.

LÉOPOLD.

Pardon, ce rôle de terre-neuve ou de chien du mont
Saint-Bernard ne me convient nullement.

---

* Corneille, Léopold.

CORNEILLE.

Trouverais-je chez vous quelque hésitation? mais alors...

LÉOPOLD, à part.

Cet alors m'effraye. Armandine compromise... Diable !
Après tout, j'en ai piloté bien d'autres.

CORNEILLE.

Eh bien !

LÉOPOLD.

Je n'hésite plus, j'accepte.

CORNEILLE.

A la bonne heure! (Avant de lui donner le portrait, il le retire encore.) Voilà la dame. Ce Legoff, il doit bien la connaître,
car il en était bourré. (Même jeu.) Il en avait par douzai-
nes. (Même jeu.) Tenez. (Il lui donne le portrait.) Moi, je la trouve
exquise.

LÉOPOLD, à part.

Ciel! Armandine! la belle-sœur, sans tête, dans son
costume de la *Mouche d'or*, à la dernière redoute du
cercle des Palikares!...

CORNEILLE.

Ah! par exemple, pas de tête, voilà l'incompréhensi-
ble. Ces marins, voyez-vous, c'est loyal, il a craint d'être
criminel.

LÉOPOLD.

Permettez, je... (Il frotte.) La *Mouche d'or*! Un chef-
d'œuvre de Simpson, le fameux couturier.

CORNEILLE.

Ah! vous avez beau frotter. La tête est couverte par
une étiquette; lisez vous-même.

LÉOPOLD, lisant.

« Rien n'est beau que le vrai, le vrai seul est aimable... » C'est une devise.

CORNEILLE, avec un geste gaillard.

La devise est en situation.

LÉOPOLD.

Je crois bien. (A part.) Qu'est-ce que cela veut dire? Armandine dans ce costume! Lui, le beau-frère ne la reconnaît pas dans ce déshabillé galant, cela se comprend. Il ignore tout ce que je... sais, moi!

CORNEILLE, lisant.

Et plus bas... 25, avenue de l'Opéra.

LÉOPOLD, à part.

Tiens! la maison de Simpson! Mais je bous, je suis épouvanté... (A Corneille.) Et... cette photographie? cette femme, c'est... (A part.) C'est parfaitement Armandine.

CORNEILLE.

Vous ne la connaissez pas?

LÉOPOLD.

Pas du tout.

CORNEILLE.

Moi non plus! Sans quoi pouvez-vous supposer?...

LÉOPOLD, à part.

Je respire. (A Corneille.) Dès ce soir, je me mets en campagne, je la trouverai, soyez tranquille. (On sonne.) Il ne manquerait plus que ça.

JOSEPH, accourant.

Monsieur, voici M. Hercule!

CORNEILLE.

Je me fie à vous, pour lui donner les conseils nécessaires; moi, je ne veux que lui dire : voilà ton précepteur et voici ton sujet... (A part.) Le ministre de la nature!

SCÈNE V

LES MÊMES, HERCULE, entrant par le fond.

HERCULE.

Bonjour, mon oncle! Tiens! monsieur Léopold!

LÉOPOLD.

Bonjour, jeune homme.

CORNEILLE.

L'instant est solennel.

LÉOPOLD.

Il doit l'être.

CORNEILLE *.

Tu as reçu ma dernière lettre. Tu sais la courte période qui te reste à franchir d'ici au jour de ton mariage. Il faut employer ce temps avec fruit.

HERCULE.

Oui, mon oncle.

CORNEILLE.

Voilà ton sujet. (Il lui montre les portraits.) Et voilà ton précepteur.

Il montre Léopold.

HERCULE.

M. Léopold, quelle chance! ma tante dit qu'il est si farceur.

CORNEILLE.

Là, vous voyez. (Il va pour sortir.) Pour le reste, tu trou-

---

* Hercule, Corneille, Léopold.

veras dans ta chambre un carnet de chèques sur le Crédit Lyonnais. Va de l'avant, je ne te dis que ça, quand il n'y en aura plus, il y en aura encore. Mais dans trois mois, je compte trouver en toi... un homme, tu m'entends?

HERCULE.

Oui, mon oncle!

CORNEILLE.

Il y a séance de nuit à la Chambre, j'emporte mes brochures pour les distribuer aux députés. (A Léopold, lui montrant un passage de Rousseau.) « Si vous abandonnez ma méthode, je ne réponds plus de rien. » Admirable, admirable!

Il sort par le fond, en emportant une brassée de ses petites brochures.

SCÈNE VI

LÉOPOLD, HERCULE *, puis ARMANDINE.

HERCULE, ouvrant l'enveloppe.

Oh!

LÉOPOLD.

Pauvre Armandine!

HERCULE.

Pourquoi lui a-t-on coupé la tête? (Regardant les autres photographies.) Et là aussi! et là aussi!

LÉOPOLD.

Ah! c'est le secret de votre oncle. (A part.) Examinons un peu le sujet. (A Hercule.) Que faisiez-vous dernièrement au collège de Saint-Malo?

HERCULE.

J'apprenais la géométrie avec le père Touspik, c'était

* Léopold, Hercule.

une idée de mon oncle Archimède. Ça lui rappelait son homonyme.

LÉOPOLD.

Quel homonyme?

HERCULE.

Eh bien! Archimède!... celui qui soulevait le monde et découvrait les vis qui portent son nom.

LÉOPOLD.

Ah! oui, les vis.

HERCULE, récitant.

« Après avoir conquis la faveur populaire, il fut délaissé par ses meilleurs amis. »

LÉOPOLD.

Destinée de tous les grands cœurs. (A part.) Absolument abruti le jeune homme!

HERCULE, continuant.

« Le jour de l'entrée des troupes romaines, se trouvant au bain, où il cherchait tous ses problèmes gigantesques... »

LÉOPOLD, à part.

Tout à fait ramolli.

HERCULE.

« Il se précipita tout nu dans les rues de Syracuse en criant : « Euréka! Euréka! ah! ah! ah! »

Sur l'air de *Tout à la joie.*

LÉOPOLD.

Vous connaissez les bons auteurs. (A part.) Il est vraiment un peu neuf. (Haut.) Et quel est ce journal que vous lisez?

HERCULE, riant.

Ça, c'est le canard officiel du collège de Saint-Malo!

LÉOPOLD, prenant le journal.

Le *Pornographe breton*. (A part.) Déjà!.. Mais alors, il fait la bête. (Haut.) Revenons à la personne que...

HERCULE.

Oui, mon oncle veut que... Quoi?... qu'est-ce qu'il veut, mon oncle?

LÉOPOLD, à part.

Je suis bien embarrassé d'avoir accepté cette mission, moi. C'est très délicat, surtout après... (Haut.) Voici, vous n'avez pas, jusqu'à présent entendu la voix, la grande voix de la nature?

HERCULE.

Je ne crois pas.

LÉOPOLD.

Eh bien! le moment est venu de prêter l'oreille.

HERCULE.

Ah!

LÉOPOLD, tenant le portrait devant ses yeux.

Ecoutez! Vous n'entendez rien maintenant?

HERCULE.

Rien. Et vous?

LÉOPOLD.

Moi. (A part.) Il est terrible avec ses naïvetés! Nous avons à trouver l'original de ce portrait. Je vous dirai ensuite ce que vous aurez à faire. (A part.) Voilà ma mission rigoureusement remplie. Mais pourquoi cette adresse?

Entre Armandine, par la gauche.

HERCULE.

Tiens! ma tante. (Il l'embrasse.) Bonsoir, ma tante!

ARMANDINE.

Bonjour, Hercule! Allez embrasser votre oncle Archimède, il est dans son bureau.

HERCULE, regardant le portrait et comparant.

Elle n'est pas déjà si mal, ma tante.

Il sort par la droite.

SCÈNE VII

ARMANDINE, LÉOPOLD *.

LÉOPOLD, à part.

Une scène terminerait cette liaison qui a trop duré.
Car enfin, ce portrait inexplicable se promène par dou-
zaines, à cette heure. Ah! ce Legoff...

ARMANDINE, assise à droite.

Qu'avez-vous donc, Léopold? Corneille est parti?

LÉOPOLD.

Oui.

ARMANDINE.

Nous sommes seuls et vous restez rêveur?

LÉOPOLD.

Je songe à l'Adriatique, madame.

ARMANDINE.

Vous dites?

LÉOPOLD, ironique.

C'est un bien beau vaisseau que la *Fulgurante*.

ARMANDINE.

Léopold!

LÉOPOLD.

Et le capitaine Legoff est un fameux marin.

ARMANDINE.

Que voulez-vous dire avec vos sottises?

* Léopold, Armandine.

LÉOPOLD.

« Rien n'est beau que le vrai, le vrai seul est aimable, » je passe le reste.

ARMANDINE.

Vous m'effrayez, qu'y a-t-il?

LÉOPOLD.

Il y a, madame, que tout à l'heure votre beau-frère vient de me donner une photographie plus que légère, dont une main barbare mais heureuse, a remplacé la tête par une étiquette de magasin, et que cette photographie c'est vous-même qu'elle représente, madame Archimède Ducollier, dans votre costume adorable de la dernière redoute du cercle des Palikares.

Il agite le portrait.

ARMANDINE.

Ciel! ce costume léger, j'en conviens, c'est vous qui m'avez suppliée de le mettre!

LÉOPOLD.

Je reconnais qu'il avait été dessiné par un couturier qui est un maître. Mais cela ne se passera pas ainsi. Je tuerai le capitaine Legoff.

ARMANDINE.

Quel Legoff? Mais, mon ami, vous perdez la tête. Cessez cette plaisanterie, Léopold.   *Elle passe à gauche.*

LÉOPOLD.

Il n'y a plus de Léopold.

ARMANDINE.

Et Corneille?

LÉOPOLD.

Ignore heureusement qui est l'original de ce portrait. Il croit...

ARMANDINE, *montrant le portrait avec énergie.*

Il croit?... Vous n'êtes donc pas convaincu que cette femme... ce n'est pas moi?

LÉOPOLD.

Ce costume et surtout le reste! Ah! vos richesses vous trahissent, infidèle!

ARMANDINE.

Ingrat! Nous nous séparerons, monsieur.

LÉOPOLD, à part.

Soit, madame, mais après la vengeance!...

ARMANDINE.

Tenez, vous me faites pitié! Ce soir même je veux un commencement de réparation, vous vous mettrez en campagne pour retrouver cette personne. Je vous donne huit jours pour éclaircir l'affaire. (Hercule entre, elle l'attire vivement à elle.) Hercule, voulez-vous me faire plaisir? Trouvez l'original de ce portrait. Faites cela pour moi.

HERCULE.

Hein!

LÉOPOLD *.

Me tromperais-je?

HERCULE.

Comment! ma tante aussi!

ARMANDINE, à Léopold.

Adieu, monsieur!

Elle sort par la gauche, Léopold la suit effaré.

LÉOPOLD.

Mais au moins, madame, laissez-moi vous expliquer...

ARMANDINE.

Adieu, monsieur!

* Armandine, Hercule, Léopold.

SCÈNE VIII

HERCULE, BONISSOL, MADAME BONISSOL, AGNÈS.

HERCULE, regardant encore sa photographie.

Épatante! Il n'y a pas à dire! épatante! (Voix au dehors.) Bon! les Bonissol, avec ma future Agnès.

Entrent monsieur, madame et mademoiselle Bonissol.

MADAME BONISSOL.

Tiens! Hercule est ici!

BONISSOL.

Bonsoir, gamin. Te voilà donc émancipé?

HERCULE, à part, vexé.

Gamin!...

AGNÈS, familière.

Bonsoir, Hercule.

HERCULE, digne.

Bonsoir, Agnès. Vous allez chez les Bartavel?

BONISSOL.

Oui, mon garçon.

HERCULE.

Eh bien! veuillez vous asseoir, le temps de passer mon habit et je suis à vous.

MADAME BONISSOL, s'asseyant sur le canapé.

Son habit?...

AGNÈS, debout près d'Hercule.

Votre habit? Mais vous venez donc aussi au bal?

Madame Bonissol, Bonissol, Agnès, Hercule.

HERCULE.

Certainement.

AGNÈS.

Quel bonheur! Mais j'y songe, puisque vous voilà, on va nous marier tout de suite.

MADAME BONISSOL.

C'est probable.

BONISSOL, assis sur le canapé.

Non, Ducollier m'a parlé de certaines études complémentaires. Il en a encore pour trois mois.

HERCULE.

Au moins.

MADAME BONISSOL.

Comment, au moins! N'oubliez pas que la date du 30 avril est irrévocable.

BONISSOL.

Irrévocable.

HERCULE.

Je le sais. Aussi vais-je précipiter mes études.

AGNÈS.

Encore! Vous n'en savez donc pas assez?

HERCULE.

Apparemment.

AGNÈS.

Prenez garde d'aller trop loin. Si vous alliez vous fatiguer!

HERCULE, sournois.

Ne craignez rien.

MADAME BONISSOL.

Qu'est-ce qu'il va encore lui faire apprendre?

HERCULE.

La vie pratique.

AGNÈS.

Comme je serai fière d'avoir un mari aussi savant.

MADAME BONISSOL, à son mari.

Rougissez, monsieur, car vous ne l'étiez guère jadis.

BONISSOL.

J'étais une nature loyale !

MADAME BONISSOL.

Cela ne suffit pas.

UNE FEMME DE CHAMBRE.

Madame attend ces dames dans sa chambre.

AGNÈS.

Courrons embrasser ma cousine.

Elles sortent par la gauche.

BONISSOL.

Allez ! allez !

SCÈNE IX

HERCULE, BONISSOL *

BONISSOL.

Mon ami, je suis ton subrogé tuteur et ton futur beau-père. Voyons, qu'est-ce que Corneille veut faire de toi? Ton oncle Archimède m'a parlé de visées bizarres.

HERCULE.

Il veut faire de moi un homme digne de vous et de votre fille.

* Bonissol, Hercule.

BONISSOL.

Mais encore?...

HERCULE.

Il veut que j'écoute la grande voix de la nature.

BONISSOL.

Eh bien?

HERCULE.

Eh bien! je l'ouis très bien la grande voix de la nature. (Tirant la photographie.) La voilà!

Il lui donne un des portraits

BONISSOL, à part.

Ciel! Victoria dans son costume de la *Mouche d'or* au
dernier bal des Artichauts.

HERCULE.

Gardez celle-ci, vous m'aiderez à la trouver.

BONISSOL, à part.

Elle avait un galbe!... Eh bien! il est bon! lui. Ah!
mais non. (Haut.) Je trouve un peu fort que tu me mêles
à ces histoires de femmes, moi ton subrogé-tuteur. Du
reste, il me faudra des explications sérieuses sur ce sin-
gulier baccalauréat!... Le discours latin était moins rigolo, mais il était plus digne.

SCÈNE X

LES MÊMES, ARMANDINE, suivie par MADAME BONISSOL
et AGNÈS.

ARMANDINE.

Que je suis donc fâchée de vous faire attendre. On me
promet de chez Simpson ma robe pour cinq heures,
il en est neuf et je l'attends encore.

MADAME BONISSOL.

Si elle avait comme moi une couturière à quarante
francs, rue Bellefond, ça ne lui arriverait pas.

BONISSOL *.

Je sais où demeure ce couturier, je vais aller...

ARMANDINE.

Merci, M. de Saint-Chamond vient d'y courir avec le landau.

MADAME BONISSOL.

M. Léopold vient avec nous ?

ARMANDINE.

Certainement.

MADAME BONISSOL, maugréant.

Il ne la quitte jamais.

ARMANDINE.

Voyons, Hercule, vous n'êtes pas encore habillé. Allez donc vite, vous ne serez pas prêt.

HERCULE.

Soyez tranquilles. Le temps de passer mon habit et je suis à vous ! je reviens beau comme un astre.

Il sort par la droite.

SCÈNE XI

ARMANDINE, MADAME BONISSOL, assises sur le canapé ; AGNÈS, debout près de la cheminée, BONISSOL, CORNEILLE.

CORNEILLE, entrant par le fond.

Tiens ! bonsoir subrogé. Bonsoir les cousines. Quelle séance ! Elle a duré juste vingt minutes, mais ce qu'on s'est dit pendant ces vingt minutes ! J'ai soufflé à Boutillard une interruption étonnante. Un gros monsieur demandait la clôture de la session.

---

* Agnès, madame Bonissol, Armandine, Bonissol, Hercule.

BONISSOL.

Déjà!

CORNEILLE *.

Boutillard s'écria au-dessous de moi : « Et la question
de l'enseignement? Et le projet de loi Ducollier! mon
prédécesseur à ce banc et mon maître. » Il est idiot ce
Boutillard, on lui fait dire tout ce qu'on veut. Vous
n'êtes pas encore habillée, chère amie?

MADAME BONISSOL.

On attend la robe.

BONISSOL.

Les couturiers sont tellement inexacts, ce Simpson
surtout. (A part.) Oh! par exemple à l'heure de la note, il
ne s'oublie pas, lui.

AGNÈS.

Quel dommage, le bal commence à dix heures.

ARMANDINE.

D'ailleurs, je suis coiffée, chaussée, il faut lui pardon-
ner à ce Simpson, il habille si bien.

CORNEILLE et BONISSOL.

Ça, c'est vrai.

AGNÈS.

Tout ce que vous portez a un cachet délicieux.

MADAME BONISSOL.

Oui, mais cela coûte cher.

ARMANDINE.

Bah! les maris ne sont-ils pas là?

MADAME BONISSOL.

Tu entends, Agnès?

* Agnès, madame Bonissol, Armandine, Corneille, Bonissol.

AGNÈS.

Oui, maman, j'entends bien, et j'en ferai mon profit.

JOSEPH.

On vient de chez M. Simpson !

CORNEILLE.

Venez donc que je vous raconte la séance, Bonissol.

ARMANDINE.

M. Léopold aura fait une course inutile.

MADAME BONISSOL.

En voiture, pauvre chéri !...

Corneille et Bonissol sortent par la droite, premier plan.

SCÈNE XII

Les Mêmes, SUZANNE, ZOÉ, celle-ci portant la robe d'Armandine dans un carton.

ARMANDINE.

Ce n'est pas raisonnable, arriver à cette heure-ci.

SUZANNE.

Madame nous pardonnera. M. Simpson avait promis pour la même heure la toilette de madame des Buissons, et celle de madame de la Marnière.

ZOÉ.

Et puis, nous avions un cocher qui était dans les brindezingues, et avec cela un cheval blanc, et madame sait que les chevaux blancs ne marchent pas *.

SUZANNE.

Mais quand madame aura vu sa robe... Nous lui ap-

---

* Madame Bonissol, Agnès, Zoé, Suzanne, Armandine.

portons un chef-d'œuvre. Jamais la maison Simpson n'a
fait une toilette ayant autant de cachet.

Elle étale la robe sur le canapé.

AGNÈS.

C'est merveilleux.

MADAME BONISSOL.

Seigneur! Tant d'argent. C'est une robe de deux mille
francs au moins.

SUZANNE.

Quatre mille, madame. C'est la nouveauté de cette se-
maine. La robe Sarah Bernhardt. Voyez cette jupe avec
ces volants et ces perles, c'est un véritable coup de
maître. Quant au corsage, madame peut être sûre qu'il
se moulera exactement sur elle.

MADAME BONISSOL.

As-tu fini?

AGNÈS.

Cela vous dessine la taille.

MADAME BONISSOL.

J'aime à croire que ton mari ne te permettra jamais...
Autant sortir en chemise.

ZOÉ, à part.

Ah! ma chère! c'est toi que je ne voudrais pas y voir...
en chemise.

ARMANDINE.

Cela fera un effet...

MADAME BONISSOL., à part.

Elle jubile.

ZOÉ.

On peut dire que ce sera une robe chouette, et à cent
pieds au-dessus du niveau de la mer.

MADAME BONISSOL.

Quel drôle de langage!

ARMANDINE.

Voulez-vous m'attendre ici, ou passer avec moi dans
ma chambre?

MADAME BONISSOL.

Allons avec vous, si cela ne vous gêne pas.

ARMANDINE.

Nullement. Vous allez m'aider, n'est-ce pas, mademoiselle?

SUZANNE.

Oui, madame, avec plaisir. Zoé, donne-moi ta pelote.
(Zoé se tâte.) Ta pelote à épingles, toquée... Attends-moi
ici, je n'ai pas besoin de toi.

Au moment où Suzanne disparaît à gauche, suivant Armandine et
les cousines, Hercule en habit noir, chapeau claque, gardénia à
la boutonnière, monocle à l'œil, apparaît à droite.

SCÈNE XIII

ZOÉ, HERCULE.

HERCULE, poursuivant à gauche Suzanne qui disparaît.

Oh! étonnante! Très chic, la demoiselle de magasin.

ZOÉ.

Tiens, un fils de famille.

HERCULE, apercevant Zoé.

Une seconde demoiselle, mais c'est un essaim. Mademoiselle...

Il salue.

ZOÉ *.

Monsieur...

Elle salue.

* Hercule, Zoé.

HERCULE.

Elle a un petit air drôlichon. Mais l'autre, quel galbe!
Et... de l'ampleur; mademoiselle, vous aussi vous appar-
tenez à la maison Simpson?

ZOÉ.

Pour vous servir, jeune homme.

HERCULE.

Et cette demoiselle... hors ligne qui est là?

ZOÉ.

Hein! elle est bien plantée, n'est-ce pas?

HERCULE.

Ça, oui!

ZOÉ.

C'est mademoiselle Suzanne, le premier **mannequin**
du grand Simpson.

HERCULE.

Vous avez dit?

ZOÉ, très haut.

Mannequin!

HERCULE.

C'est pour moi cette apostrophe?

ZOÉ, haussant les épaules.

Ecoutez donc, si vous voulez apprendre. (Avec une
dignité comique.) Dans la vie il faut savoir écouter.

HERCULE, à part.

As-tu fini? (Haut.) Eh bien?

ZOÉ.

Eh bien! on appelle mannequin, la demoiselle de magasin... l'oiseau rarissime dont la richesse... naturelle
n'a besoin d'aucun expédient pour se rapprocher le plus
des modèles antiques légués au monde nouveau par Phi-
dias et Praxitèle. (A part.) Simpson nous fait un cours là-
dessus tous les matins.

HERCULE.

Comment?

ZOÉ.

C'est comme ça. Pour habiller les femmes du monde, non seulement de Paris, mais de la terre entière, Simpson a besoin d'un type idéal qui fasse valoir ses compositions à l'essayage...

HERCULE.

Oui.

ZOÉ.

Et ce type idéal, c'était il y a trois mois, Léocadie, une personne trop bébête que nous avons mise au rancart, et pour longtemps, j'espère. C'est pour le moment, Suzanne, la femme la plus merveilleusement faite de tout Paris.

HERCULE.

Oh! pas comme celle-ci.

Il lui montre une de ses photographies.

ZOÉ, surprise.

Tiens!... Non!... si!... Mais oui, c'est elle, Suzanne, dans notre fameux costume de la *Mouche d'or*, créé par Simpson et qui a fait fureur l'hiver dernier. Le jour où elle l'a essayé, il a fait un effet dans la maison! Toutes les femmes chic en ont voulu.

HERCULE.

Mais pourquoi pas de tête?

ZOÉ.

Ah! voilà. (A part.) De qui tient-il donc ce portrait?

HERCULE.

Et cette devise? « Rien n'est beau que le vrai. Le vrai seul est aimable. »

ZOÉ.

C'est la devise de Simpson, qu'il envoie dans le monde entier... Vous ne comprenez pas? Si vous aimez mieux : « Guerre au coton! »

HERCULE.

Ah!

ZOÉ.

Silence, on vient. Et cachez ça, surtout! C'est un secret professionnel.

SCÈNE XIV

LES MÊMES, LÉOPOLD, entrant par le fond.

LÉOPOLD, essoufflé.

Simpson a envoyé!...

ZOÉ.

Bonjour, monsieur!

HERCULE.

Vous connaissez mon professeur?

ZOÉ *.

Tiens, vous êtes professeur! je vous croyais simple-
ment... noceur.

LÉOPOLD.

Qu'est-ce, petite? (A part.) Je connais cette figure-là.

HERCULE.

Une demoiselle de chez Simpson.

LÉOPOLD.

Ciel! (Bas, à Zoé.) Pas un mot. Nous sommes ici chez le
mari... de... la... dame... que... je... vous savez?...

ZOÉ, bas.

Vous me prenez donc pour une oie?

* Zoé, Hercule, Léopold.

HERCULE.

Qu'est-ce que vous dites donc là-bas?

LÉOPOLD, embarrassé.

Je... demandais à mademoiselle... si... elle ne pouvait pas me donner des renseignements... sur celle que nous cherchons.

HERCULE.

Mais oui, précisément! Elle la connaît, mon cher, je triomphe!

LÉOPOLD, à part.

Hein! (A Hercule.) Tu lui as montré... (A Zoé.) Vous lui avez dit que c'était...

ZOÉ.

Qui?...

HERCULE.

C'est mademoiselle Suzanne, le mannequin. (Il tire le portrait.) N'est-ce pas, mademoiselle, vient de me le dire!

LÉOPOLD.

Suzanne?... Le joli mannequin? Je respire. (A Zoé.) Merci, petite, tu as du flair, je m'en souviendrai.

ZOÉ.

Oh! moi, vous savez. (A part.) Je ne dois rien comprendre. (A Léopold.) Pourvu que j'augmente mon petit magot et que j'épouse Florentin, mon amoureux, je ne vois que ça dans la vie. Il m'a demandé dix mille francs, je suis à deux mille quatre. Le reste viendra.

LÉOPOLD.

Voilà cent francs à compte. Ne dis plus un mot.

ZOÉ.

C'est toujours ça!...

HERCULE, en extase.

Adorable et magnifique Suzanne!

LÉOPOLD.

Idiot!

ZOÉ.

Ils sont drôles dans cette maison.

SCÈNE XV

Les Mêmes, CORNEILLE, BONISSOL, ARCHIMÈDE. ZOÉ, dans un coin guette la scène.

CORNEILLE, entrant par la droite, à Bonissol.

Douze voix de majorité. C'est un ministère qui n'en a pas pour huit jours.

ARCHIMÈDE, entrant par le fond.

Hercule! Adieu! (Il pleure.) Je veux le voir partir, ce cher enfant.

ZOÉ.

Qu'est-ce qu'il a le vieux? il m'intéresse.

CORNEILLE. Corneille et Archimède s'empressent autour d'Hercule, rajustent son habit.

Allons! voyons, Archimède, voyons!

BONISSOL, à Léopold, bas *.

C'est vous qui donnez à ce polisson des photographies? ..

LÉOPOLD.

Comment? (A part.) Le subrogé-tuteur. Il aura reconnu Armandine... nous sommes perdus.

* Zoé, Bonissol, Léopold, Hercule, Archimède, Corneille, les trois derniers au deuxième plan.

BONISSOL, à part.

Dissimulons! (Haut.) Je ne veux rien savoir.

LÉOPOLD.

Vous l'avez reconnue?

BONISSOL.

Parbleu !

LÉOPOLD.

Malgré l'étiquette? sur la figure?

BONISSOL.

Et ses formes adorables, vous les comptez pour rien?

LÉOPOLD, à part.

Si ce cousin est bavard, nous sommes flambés.

BONISSOL, navré.

Jusqu'à présent j'avais cru être seul, il paraît que nous sommes deux.

LÉOPOLD, sursautant.

Comment? deux?

BONISSOL.

Dites-lui que ça m'a fendu le cœur. Nous en recauserons au bal du contrat. Pas un mot de plus dans cette maison.

CORNEILLE.

Allons, Archimède, un jaquet. Bonissol, ayez l'œil sur notre pupille.

Corneille et Archimède s'asseoient à la table de jaquet, à droite.

BONISSOL.

Je le surveille.

ARCHIMÈDE, à Léopold.

Veillez sur Armandine et sur lui!

LÉOPOLD.

Me voilà maître de pension, je monte en grade.

BONISSOL, bas, à Léopold, lui montrant la photographie.

Comme c'est bien sa ligne adorable? Hein?

LÉOPOLD, se grattant la tête.

Ne parlons pas de ça.

ARCHIMÈDE, à Léopold.

Veillez bien sur lui!...

LÉOPOLD, à part.

Me voilà le Petdeloup, le Labadens du ministre de la nature.

Il remonte.

HERCULE, à Bonissol lui montrant un exemplaire du portrait.

Vous savez la petite femme?... Celle du portrait?

BONISSOL.

Chut!

HERCULE.

Elle est ici.

BONISSOL, tremblant.

Hein ! (A part.) Victoria est ici ! mais c'est impossible ! Alors, elle va tout dire.

LÉOPOLD, à part *.

Aïe!

BONISSOL, bas, à Hercule.

Ne me perds pas.

LÉOPOLD, même jeu, à Hercule.

Ne me perdez pas...

HERCULE.

Qu'est-ce qu'ils ont donc ?

CORNEILLE.

Trois et as !

* Zoé, Bonissol, Hercule, Léopold, Archimède, Corneille.

ZOÉ.

Je crois que Suzanne va enflammer ce petit-là. Il parle
d'elle à toute la famille.

LÉOPOLD.

Oh! ma tête!

ARCHIMÈDE.

Cinq et six!...

SCÈNE XVI

CORNEILLE, ARCHIMÈDE, HERCULE, BONISSOL,
ARMANDINE, MADAME BONISSOL, AGNÈS, SUZANNE,
ZOÉ.

ARMANDINE, entrant par la gauche suivie des cousines et de Suzanne.

N'est-ce pas, monsieur Léopold, que cette robe est un
vrai chef-d'œuvre?

LÉOPOLD.

Tous se lèvent.

Exquise!

ARCHIMÈDE *.

Gare à la note! Je suis sûr de voir arriver le chasseur
de Simpson dans quarante-huit heures avec des factures
indéchiffrables... et un tas de mots baroques...

MADAME BONISSOL, à Agnès.

J'espère que tu n'auras pas de ces histoires-là sur le
dos?

AGNÈS, montrant Hercule.

Pourquoi donc, maman, avec un mari aussi élégant!...

* Zoé, Suzanne, madame Bonissol, Agnès, Armandine, Léopold, Bonissol, Hercule dans le fond, Archimède, Corneille.

ZOÉ, à Suzanne.

Regarde donc.

SUZANNE.

Quoi ?

ZOÉ.

M. Léopold, le grand ami de la dame....., et qui vient avec elle chez Simpson.

SUZANNE.

Ah ! si j'avais voulu... ou plutôt si j'en avais eu le droit... il est si gai... si plein d'entrain. Il m'en a fait des propositions tendres et romanesques, celui-là.

ZOÉ.

Oui, mais toi tu es sérieuse...

SUZANNE.

Oh ! moi, le mariage... je ne connais que ça, et puis d'ailleurs, tu le sais, n'y a-t-il pas mon traité ?

ZOÉ.

Ah ! c'est un malin, M. Simpson.

CORNEILLE.

Six et trois !

LÉOPOLD, redescendant vers Suzanne et remontant aussitôt à droite près de la table de jeu.

Tiens, Suzanne, une femme qui était bien dans ma note, mais à cheval sur le bon motif.

ARCHIMÈDE.

Cinq et quatre !

BONISSOL.

Voyons, partons-nous ?

ZOÉ.

Tiens, le vieux qui paie les commandes de la belle Victoria.

SUZANNE.

Chut ! pas un mot.

ZOÉ.

Tu sais, le petit là-bas, il a ta photographie en *Mouche d'or*.

SUZANNE.

Que tu es bête, on n'en a jamais fait une seule.

BONISSOL, aux deux demoiselles mystérieusement [*].

Vous ne me connaissez pas.

SUZANNE, à Bonissol.

Nous en avons vu bien d'autres, allez !

CORNEILLE.

Tous les quatre.

MADAME BONISSOL redescendant, à son mari.

Qu'avez-vous donc à causer avec ces péronnelles ?

BONISSOL.

Moi ?... rien... Je trouve cette toilette ravissante.

ARCHIMÈDE.

As et deux !

ZOÉ et SUZANNE, remontant à gauche.

Adieu, mesdames.

HERCULE.

Non, pas adieu, (Prenant le menton de Suzanne.) mais au revoir !

Les demoiselles se sauvent.

CORNEILLE, voyant Hercule prendre le menton de Suzanne.

Bravo !

ARMANDINE.

Hercule redescend et offre son bras à sa tante.

Hercule, votre bras ?

---

* Au premier plan à gauche, Zoé, Suzanne, Bonissol. Au fond un peu à droite, madame Bonissol, Agnès. Armandine, Léopold, Hercule. Hercule regarde toujours Suzanne. Archimède et Corneille jouent à droite.

ARCHIMÈDE.

Hercule, prends bien garde.

AGNÈS.

Oh ! je veille sur lui.

Madame Bonissol à gauche prend le bras de son mari.

ARMANDINE, au bras d'Hercule.

Calmez-vous donc, mon cher, vous avez le jaquet.

CORNEILLE.

Oui, nous avons le jaquet. (Il se lève avec emphase.) Le ministre de la nature... C'est bien ça...

ACTE DEUXIÈME

Le théâtre représente le grand salon d'essayage du couturier Simpson. — Grand luxe. — Tapis, glaces, fauteuils, poufs. — Etoffes, chiffons, dentelles, toilettes bâties ou achevées. — Çà et là des petits comptoirs et des mannequins en crin montés sur pivots et habillés. — A droite, premier plan, porte conduisant au cabinet de Simpson. — A gauche, deuxième plan, porte de dégagement. — Au fond, baie ouverte avec escalier extérieur à droite et à gauche, donnant accès à la galerie du premier étage. — Un trou en médaillon sur chaque pan coupé.

SCÈNE PREMIÈRE

SUZANNE, ZOÉ, EMILIE, CLARISSE, BERTHE, EDMÉE.

SUZANNE, très élégante, mettant la dernière main à sa toilette.

Me voilà prête. Allons, ces demoiselles sont-elles toutes arrivées?... (Frappant dans ses mains avec impatience.) Voyons donc! voyons donc!... (Emilie et Berthe arrivent coup sur coup et enlèvent rapidement leur chapeau. — Suzanne tire un papier. — Appelant.) Zoé?...

ZOÉ.

Présente!

SUZANNE.

Emilie?...

EMILIE, *lissant ses cheveux devant une glace.*

Voilà !

SUZANNE.

Clarisse?...

CLARISSE.

Voilà.

SUZANNE.

Berthe ?...

BERTHE.

Voilà !

SUZANNE.

Mademoiselle Edmée ?...

EDMÉE, *entrant, tenue simple, allure modeste.*

Présente !

ZOÉ, *se moquant.*

Mademoiselle ! oh ! ma chère, toujours des fioritures pour celle-là.

CLARISSE, *à Zoé.*

Une jeune fille ruinée, ma chère, famille excellente, ayons des égards.

ZOÉ.

Cette Suzanne ira loin, elle a trop de flair.

SUZANNE, *frappant dans ses mains.*

Voyons, mesdemoiselles, assez de causeries, allez préparer le grand essayage hebdomadaire. C'est aujourd'hui vendredi.

Les six demoiselles se sauvent en riant. — Elles ont occupé la scène en rangeant des cartons, en préparant les mannequins de crin, en exposant les toilettes achevées sur les meubles.

SCÈNE II

SUZANNE, ZOÉ.

SUZANNE.

Dis donc, Zoé, crois-tu qu'il est drôle, cet Hercule ?. .

ZOÉ *.

Ah ! ma chère, c'est un oiseau rare. On voit des neveux qui supplient leur oncle de leur prêter cent sous.

SUZANNE.

Et des oncles qui refusent.

ZOÉ.

Celui-là, c'est tout le contraire.

SUZANNE.

On peut dire qu'il est amoureux ! Quand je pense que pour me voir, il vient chaque jour dans ce salon, où M. Simpson a établi une consigne si sévère, sous le pré-texte de commander des toilettes pour cette Victoria.

ZOÉ.

Pour laquelle il n'est rien de rien. Ah ! il sait ce que cela lui coûte.

La pendule sonne dix heures.

SUZANNE.

Dix heures ! Il va venir comme tous les matins faire sa première visite.

ZOÉ, sortant.

Je me sauve, alors.

* Zoé, Suzanne.

SCÈNE III

HERCULE, entrant par le fond, SUZANNE.

HERCULE, à part, lui prenant la taille.

Seule! et il est dix heures.

SUZANNE, surprise.

Ah!

HERCULE *.

Comme hier, comme avant-hier! Cette solitude réglée sur les horloges pneumatiques est un aveu, n'est-ce pas, mademoiselle Suzanne?

SUZANNE.

Vous vous trompez, monsieur.

HERCULE.

Mon cœur me dit le contraire.

SUZANNE.

C'est l'heure où ces demoiselles vont s'habiller...

HERCULE.

Dites que vous avez ressenti comme moi cet embrasement interne qui s'appelle l'amour.

SUZANNE.

Pas le plus petit embrasement... pas encore du moins.

HERCULE.

Pas encore! après quinze jours de flirtations assidues! (A part.) Mon oncle serait furieux s'il savait que... Pourtant je l'entends la voix, la grande voix de la nature, il paraît qu'elle ne l'entend pas.

SUZANNE.

Si je vous aimais, que feriez-vous donc?...

* Hercule, Suzanne.

HERCULE.

Je vous emmènerais bien loin dans la campagne, avec les moutons, les bergers, les dindons qui font guelou, guelou. Et près d'un ruisseau comme Paul et Virginie, la main dans la main, avec le ciel au-dessus, et la mousse au-dessous, dans une petite maisonnette, nous vivrions heureux, (A part.) pendant trois mois.

SUZANNE.

Ah! non! par exemple, Les amours champêtres, les promenades avec les vaches et les moutons, la société des dindons qui font comme vous dites si bien... Tout cela ne me plairait guère, il faudrait trouver autre chose.

HERCULE.

Quoi donc?... Oh! j'y suis... un petit hôtel, des voitures, une dizaine de larbins?

SUZANNE.

Peut-être.

HERCULE.

A vous ma fortune et ma vie! Ignorez-vous donc que mon oncle m'a dit : Va, cours, vole. (A part.) Et reviens. Ah! il veut que je revienne, par exemple. (Haut.) Accueillez cet Hercule qui se jette à vos pieds, et je lâche tout, tout, pour m'enfuir avec vous sous la soie et l'or d'un amour millionnaire, au fond d'un petit hôtel des environs du parc Monceaux, la seule latitude qui vous convienne.

Il tombe à genoux.

SUZANNE, passant vivement à gauche.

Ah! mais, n'allez pas si vite... vous vous enflammez... vous vous enflammez...

HERCULE, à part *.

Mais je suis pressé... (Haut.) Quelle gloire pour moi d'entendre dire : Voyez-vous cette femme adorable?... C'est la femme du jeune Hercule Ducollier.

---

* Suzanne, Hercule.

SUZANNE.

Votre femme?... votre femme?... Comment l'entendez-vous?

HERCULE, à part.

Ah! voilà.

SUZANNE.

Vous voudriez faire de moi votre maîtresse?

HERCULE.

Aïe! les grands mots.

SUZANNE.

Je suis une honnête fille, monsieur Hercule. Au surplus, il est une chose que vous ignorez.

HERCULE.

Laquelle?... Laquelle?...

SUZANNE.

Eh bien! j'ai un traité de cinq ans avec M. Simpson.

HERCULE.

Bah! les traités sont faits pour être rompus.

SUZANNE.

Mais il y a un joli dédit de vingt-cinq mille francs.

HERCULE.

Vingt-cinq mille francs? je ne comprends plus.

SUZANNE.

M. Simpson, vous le savez, a élevé sa profession de couturier jusqu'aux dernières limites de l'art. Pour réussir, il n'a reculé devant aucun sacrifice... de la part de son personnel.

HERCULE.

Juste ciel! que vais-je apprendre?... Quel sacrifice vous a-t-il demandé?...

SUZANNE.

Oh! ne vous effrayez pas ainsi. Il a justement exigé de moi le contraire de ce que... vous supposez.

HERCULE.

Expliquez-vous.

SUZANNE.

C'est assez délicat... Quand vous allez au musée du Louvre et que vous vous extasiez devant Diane ou devant Minerve, vous vous dites, n'est-ce pas, qu'il serait grand dommage qu'un malotru vînt endommager ces merveilles?

HERCULE.

Ah ! pour ça, oui, par exemple.

SUZANNE.

Et vous ne vous étonnez pas que le conservateur jaloux ait mis aux pieds de ces statues le sacramentel écriteau... *Ne touchez pas, S. V P.*

HERCULE.

Il a mis cela, cet homme de l'Institut, parce que les chefs-d'œuvre dont il a la garde sont en marbre et par conséquent fragiles.

SUZANNE.

Croyez-vous que la femme ne le soit pas mille fois davantage?

HERCULE.

Heureusement...

SUZANNE.

Aussi, est-ce pour éviter un bris, un accident, une chute, que Simpson, le grand artiste, n'ayant pas la ressource du fameux...

HERCULE.

Ne touchez pas, S. V. P.

SUZANNE.

A exigé de moi... pendant cinq ans, ce sacrifice... (Elle baisse les yeux.) bizarre. . Vous me comprenez.

HERCULE.

Cinq ans ! Ah ! ma pauvre enfant, ce sera bien long! (A part.) Je suis bien tombé, moi qui n'ai que trois mois.

SUZANNE.

A moins que vous ne consentiez a lui payer mon dédit,
et à aligner vingt-cinq mille francs.

HERCULE.

J'alignerai, chère Suzanne, j'alignerai.

SUZANNE.

Vrai! vous êtes charmant, mais partez vite, il va venir...

HERCULE.

Certainement que j'alignerai... Ah! il verra le conservateur... non... le couturier.

Il sort par la droite, deuxième plan.

SUZANNE, à part.

En voilà un dont je ferai tout ce que je voudrai. Qui
sait?... Un mari peut-être !... Ah! c'est mon rêve, un
mari.

SCÈNE IV

SUZANNE, ZOÉ, ÉMILIE, BERTHE, EDMÉE,
CLARISSE, puis M. SIMPSON.

Pendant cette scène et les suivantes, les demoiselles dressent les robes et
sorties de bal sur les mannequins.

TOUTES, accourant du fond.

Mademoiselle Suzanne, le patron...

SUZANNE, à part, passant à droite.

Le patron! Avoir un patron! Allons! Reprenons la
chaîne.

SIMPSON, entrant du fond avec des lettres et des factures.

Allons, mesdemoiselles, de l'activité. C'est aujourd'hui

vendredi, jour de presse. Vous n'avez pas oublié, j'espère, qu'on doit venir essayer pour les nouveaux bals qui se préparent au club des Radis-Noirs et à celui des Palikares ?...

TOUTES, successivement.

Non, monsieur.

SIMPSON.

Et vous n'avez pas oublié non plus que c'est aujourd'hui que je dois révéler à mes clientes ma plus grande conception de l'hiver?

TOUTES, ensemble.

Non, monsieur.

SUZANNE, s'approchant.

Monsieur, j'ai vu hier le prince Dubourell, vous savez, le... mari de la dame russe. Il vous prie de préparer la facture.

SIMPSON, répétant.

Les factures.

SUZANNE, insistant.

La facture.

SIMPSON, même jeu.

Les factures. (Bis.) Vous savez bien qu'il y en a toujours deux, une pour monsieur, l'autre pour madame.

SUZANNE.

C'est vrai, j'oubliais. (A part.) Il a de l'aplomb !...

SIMPSON, choisissant deux papiers *.

Facture pour le mari, il y a une croix à droite, c'est le signe cabalistique, facture pour le mari : quinze cents francs soixante centimes, je suppose... Facture pour la dame, il y a une fleur à gauche, c'est le signe : deux mille cinq cents francs soixante centimes.

---

* Simpson, Suzanne. Les demoiselles vont et viennent au second plan.

SUZANNE.

Et qui paie les deux mille cinq cents francs cette
fois-ci ?...

SIMPSON.

Un sénateur, ma chère. On a dit que ces graves per-
sonnages ne pouvaient pas avoir de maîtresses : vous
voyez bien que c'est une erreur.

SUZANNE.

Mais quinze cents et deux mille cinq cents francs, ça
fait quatre mille que vous encaissez.

SIMPSON.

Bien sûr ! autrement j'y perdrais.

SUZANNE, à part.

Honnête homme !...

SIMPSON, lisant son courrier.

Très bien, excellent courrier, belles commandes. C'est
écrasant. (Mystérieusement.) Notes secrètes. (A Suzanne.) Madame Bétournel, réformer la taille. (Il consulte un petit papier.)
Une hanche plus haute que l'autre.

SUZANNE, notant au crayon.

Compris.

SIMPSON.

Sans mot dire toujours !

SUZANNE.

Comment donc! avec des compliments au contraire.

SIMPSON.

Madame de Montfleuri... Lui faire de la gorge, beaucoup. Son mari adore ça !

SUZANNE.

A quoi ça l'avance-t-il ?...

SIMPSON.

Elle dit que ça l'illusionne... Madame Charbonneau...
Lui faire un... vous savez... devant.

Il lui parle à l'oreille.

SUZANNE.

Oh! oh!...

SIMPSON.

Très peu... un soupçon.

SUZANNE.

Quelle drôle d'idée!...

SIMPSON.

Ça illusionne aussi son mari.

SUZANNE.

Pour combien de temps?...

SIMPSON.

Ceci n'est pas notre affaire.

Il s'asseoit près du petit comptoir de gauche.

SCÈNE V

SUZANNE. SIMPSON, FLORENTIN, ZOÉ, LES DEMOISELLES.

TOUTES LES DEMOISELLES.

Ah! monsieur Florentin !

Elles l'entourent.

SIMPSON.

Qu'est-ce que c'est?

SUZANNE.

M. Florentin, le placier de la maison Durand !...

ZOÉ.

Le plus chic des soyeux... Oh! qu'il est gentil, mon futur !

CLARISSE.

Qu'il est distingué !

SIMPSON.

Arrivez donc, Florentin, je vous attends depuis deux jours, mon ami. Mesdemoiselles, à votre ouvrage.

Il lit son courrier avec agitation.

FLORENTIN, accourant.

Bonjour, monsieur Simpson. (A Clarisse.) Je vous céderai cette montre pour cent vingt-cinq francs, à dix francs par mois.

ÉMILIE, l'attirant à gauche *.

C'est trop cher ; si vous voulez, je vous en offre cent dix francs, ça va-t-il? A propos, dites-moi, monsieur Florentin, apportez-moi donc la prochaine fois une petite bague dans les quarante francs...

FLORENTIN.

J'ai votre affaire à cinq francs par mois.

CLARISSE.

Le marché est fait.

ZOÉ, l'attirant à droite.

Et moi, et moi, mon cher futur... j'ai besoin d'une broche pour ma cousine qui se marie lundi.

FLORENTIN.

J'ai ton affaire, Zozo. (Il ouvre un écrin.) Ça te va-t-il ?...

ZOÉ.

Oh! très chocnosoff! Combien?...

FLORENTIN.

Dix-sept cinquante. Mais je te la donne, c'est bien le moins.

SIMPSON, se levant furieux, aux demoiselles.

Ah çà! allez-vous bien laisser ce soyeux tranquille. (A Florentin.) D'abord, vous, Florentin, je vous interdis de faire le marchand de bric-à-brac dans mon établissement.

* Simpson assis à gauche, Suzanne debout, Emilie, Florentin, Zoé.

FLORENTIN.

Oh! monsieur Simpson, ce sont, vous le savez bien, mes petits bénéfices. (*Montrant des échantillons et frisant son toupet.*) Si l'on n'avait pas un petit revenant bon, le métier ne serait pas tenable. (*Énumérant sans conviction.*) Vous faut-il du bronze? du bleu gendarme?... du cachou?... du chaudron? Cela se fait beaucoup le chaudron? non passons. Du vieil or?... de la prune de monsieur? du vertige? du blé penchant? du serpolet humide?...

SIMPSON, *regardant les étoffes.*

Ce serpolet humide et ce blé penchant ne me déplaisent pas. Entre nous, c'est du vert et du jaune, mais le nom fait tout et j'ai une clientèle romanesque, nous ferons affaire. Dites-moi, la maison Durand et Compagnie que vous représentez si mal, car vous ne pensez qu'à vos breloques et à votre toupet, devrait bien, retenez cela, me trouver une nuance idéale.

FLORENTIN, *à part.*

Ils en sont tous là. (*Haut.*) Il faut chercher, ce n'est pas introuvable.

SIMPSON.

Un trait de génie... Que diriez-vous, d'un rose ou d'un gris... ou d'un rose, *Conservateur irrésolu?*...

FLORENTIN.

C'est une idée que je vais creuser.

SIMPSON.

C'est cela. Creusez le conservateur.

Il sort par le fond avec les demoiselles qui courent après lui.

SCÈNE VI

SIMPSON, *seul.*

Que d'affaires, mon Dieu, que d'affaires! c'est écrasant. Que de risques aussi dans une maison où il vient

tant de femmes ! Mais me direz-vous, on doit en voir
de drôles, de très drôles... On sait tout. Moi, tel que
vous me voyez, je sais tout. Et je n'ai pas besoin d'a-
jouter que je suis seul à tout savoir, car ici, jamais
d'hommes, jamais d'hommes ; ici c'est le paradis de Mahomet. Par moments il faut que j'aie un... tempérament
spécial pour résister aux spectacles enchanteurs, qui se
déroulent sous mes yeux. Il y a des jours d'essayage, où
c'est dans ce salon, un fourmillement de têtes blondes et
brunes, un froufrou charmant de robes de soie et de
satin, un chatoiement d'épaules découvertes et de cor-
sages dégrafés, au milieu desquels, seul, comme un
sultan, je vais la tête haute, ma craie à la main, c'est
admirable, admirable, admirable. (Examinant les papiers qu'il
a en main.) Ah ! encore une facture Ducollier. Il commence
à m'inquiéter, ce jeune homme. Il m'a été adressé par
M. de Saint-Chamond, un homme charmant auquel il
sera beaucoup pardonné, parce qu'il a beaucoup payé !
C'est égal, cet Hercule commande des quantités innom-
brables de toilettes, et j'ai dû écrire à son oncle, rue du
Faubourg-Poissonnière, m'a-t-il dit, pour le prier de
passer chez moi.

SUZANNE, entrant du fond.

Monsieur ! M. le baron des Brotteaux est à la caisse et
vous demande.

SIMPSON.

Une facture à toucher, j'y cours. Ce bon monsieur des
Brotteaux.

Il sort par le premier plan à droite.

SCÈNE VII

SUZANNE, puis CORNEILLE.

CORNEILLE, entrant par le fond.

Mademoiselle, c'est bien ici M. Simpson?...

SUZANNE.

Il vient à l'instant.

CORNEILLE, à part.

Ce matin, j'ai trouvé ce mot d'Hercule : « Mon oncle » soyez heureux ! ce soir, je l'espère, cette femme va » m'appartenir, » et dans la lettre, une des photographies de Legoff avec ces deux vers :

« Ah ! oui, quand je la vois je ressens quelque chose !
C'est bien, vingt-cinq, avenue de l'Opéra, qu'elle repose. »

Cet alexandrin a quinze pieds, au bas mot. On leur a supprimé les vers latins, mais je crois que les vers latins se vengent... N'importe, telle qu'elle est, cette prosodie m'enchante. (A Suzanne.) Mademoiselle, vous devez connaître cette femme ? (La regardant.) Eh ! cette jeune personne a de ça... (Montrant le portrait à Suzanne.) Dites-moi qui c'est ?... Je suis l'oncle d'Hercule, et je sais que cela sort d'ici...

SUZANNE *.

Pardon ! monsieur, mais le secret professionnel...

CORNEILLE.

Ah ! c'est un secret professionnel ?...

SUZANNE.

Au premier chef... cependant je crois pouvoir vous dire que c'est l'une de nos plus belles clientes. La tête manque, sans quoi je vous dirais son nom...

CORNEILLE.

Mais sans la tête ?

SUZANNE.

Oh ! c'est difficile... cependant je crois pouvoir vous dire (A part.) ménageons-le, (Haut.) que ce costume de mouche d'or, n'a été créé en principe que pour deux personnes admirablement faites, qui sont l'honneur de la maison. (Minaudant.) Si ce n'est l'une, c'est l'autre.

---

* Suzanne, Corneille.

CORNEILLE.

Mais encore?...

SUZANNE, voyant Simpson qui rentre.

Demandez à M. Simpson, il vous le dira peut-être!...

SCÈNE VIII

CORNEILLE, SIMPSON, SUZANNE.

SIMPSON.

Monsieur... je vous demande pardon, me voici tout à vous. Monsieur désire choisir des étoffes? (Suzanne fait signe que non.) Monsieur demande nos prix ?...

Même jeu de Suzanne.

CORNEILLE.

Non! monsieur, je... (A part.) Il est très bien ce couturier.

SIMPSON *.

Monsieur vient pour une facture?...

Même jeu de Suzanne.

CORNEILLE, s'asseyant.

Non! monsieur, pas précisément. Je suis M. Ducollier, ex-député de la Marne-Inférieure. Ils m'ont dégommé depuis, mais comme ils me regrettent!... Oncle du jeune Hercule que vous connaissez sans doute.

SIMPSON, à part.

Aïe! il a l'air sévère. (Embarrassé.) Monsieur, je suis enchanté de vous voir.

CORNEILLE.

Et moi, monsieur, je suis très honoré de faire la connaissance de notre célèbre couturier américain.

---

* Suzanne, Corneille, Simpson.

SIMPSON, se rengorgeant, et très vite.

Dou Soud !

CORNEILLE.

Je dis de notre célèbre couturier américain...

SIMPSON.

Je dis dou Soud.

CORNEILLE, cherchant.

Du Sud?... Ah ! couturier américain du Sud.

SIMPSON.

Oui, du Sud, je suis de Valparaiso !...

CORNEILLE.

Monsieur, vos salons sont magnifiques.

SIMPSON, à part.

Il me fait des compliments, méfions-nous. (Haut.) Je mène assez bien mon affaire. (A part.) Intimidons-le. (Haut.) Je dois tout à mes inexorables prix fixes. (A part.) Il rit jaune. (Haut.) D'ailleurs, ma devise est parlante : Rien n'est beau que le vrai...

CORNEILLE et SIMPSON.

Le vrai seul est aimable.

CORNEILLE, à part.

La devise du portrait.

Il se frotte les mains.

SIMPSON, à part.

Attaquons le taureau par les cornes. (Haut.) Vous venez alors pour la lettre ?

CORNEILLE.

Quelle lettre?...

SIMPSON.

La lettre que je vous ai écrite.

CORNEILLE.

Vous m'avez fait l'honneur...

SIMPSON, à part.

Ah ! il est très fort, il va nier. (Haut.) Oui, monsieur.
(A Suzanne.) Mademoiselle Suzanne, veuillez aller me chercher mon copie de lettres.

Suzanne sort par le premier plan à droite.

CORNEILLE.

Je vous déclare que je n'ai rien reçu... mais qu'importe, ce que contenait cette lettre, vous pouvez me l'apprendre.

SIMPSON.

Oui ! monsieur. (A part.) Voilà le chiendent, il va falloir
lui dire l'affaire, j'aime mieux écrire ces choses-là que
les dire. (Haut.) Je vous prévenais dans cette lettre que
votre neveu M. Hercule...

CORNEILLE, tout bouffi.

Achevez?

Suzanne revient avec la copie de lettres.

SIMPSON.

Tenez, mademoiselle va vous donner lecture.

CORNEILLE *.

Lisez, mademoiselle, je bois vos paroles.

SIMPSON.

J'aime mieux cela.

SUZANNE, lisant.

« Monsieur, j'ai l'honneur de vous informer que le
» compte de M. Hercule Ducollier votre neveu, s'élève à
» la somme de... »

CORNEILLE, interrompant.

Je tressaille !

____

* Corneille, Suzanne, Simpson.

SIMPSON, qui l'observe.

Il va avoir une syncope.

SUZANNE, lisant.

« A la somme de onze mille deux cents francs quinze
» centimes, toilettes commandées pour... la personne
» que vous savez peut-être. »

*Jeu de scène de Simpson qui se détourne embarrassé et de Suzanne
qui regarde Corneille du coin de l'œil sans oser continuer.*

CORNEILLE, soulagé.

Ouf!...

SIMPSON, à part.

Il est fixé. (A Suzanne.) Continuez.

CORNEILLE, avec enthousiasme.

Achevez, mademoiselle, sans en omettre une syllabe !
Cette lettre me touche en plein cœur.

SIMPSON, à part.

Cette fois, c'est net, il va se fâcher.

SUZANNE, poursuivant.

« Avant de continuer à votre neveu un crédit dont je
» suis fier et qui l'honore, je tiens à vous prévenir que
» l'âge de M. Hercule me fait craindre qu'il n'ait point
» dans la suite votre consentement absolu. Je vous prie
» donc de vouloir bien passer chez moi. En deux minutes
» d'amicale conversation nous aurons arrangé l'affaire.
» Veuilllez agréer, monsieur, etc. Signé : Simpson. »

CORNEILLE, l'embrassant.

Mademoiselle et chère lectrice, embrassez-moi !

SIMPSON.

Hein ! plaît-il ?

CORNEILLE.

Vous aussi, couturier.

SIMPSON, à part.

Il est fou! (Haut, et paternellement.) Vous vous attendiez à
plus que cela, n'est-ce pas?...

CORNEILLE.

Moi ? couturier de la Gentry! moi?... Mais vous me comblez de joie! vous me transportez d'allégresse, ouvrez des crédits, Simpson, ouvrez-en à Hercule autant que vous voudrez.

SIMPSON, à part.

Il est fou, tout à fait fou!...

CORNEILLE.

Je suis le ministre de la nature... en tournée d'inspection.

SUZANNE, à part.

Un oiseau rare décidément que le petit Hercule!...

CORNEILLE, tirant des billets de banque.

Connaissez-vous cela?... Où est la caisse?... la caisse?...

SIMPSON.

Par ici, monsieur Ducollier. (A Suzanne.) Mademoiselle Suzanne, veillez à tout, et dans un quart d'heure le coup de feu. (Suzanne sort par le fond.) Par ici, mon cher monsieur Ducollier.

SCÈNE IX

CORNEILLE, SIMPSON.

CORNEILLE, retenant Simpson au moment de sortir.

Un mot avant de passer au guichet, (Avec un air gaillard.) Il faut que vous me disiez un secret.

SIMPSON.

S'il est professionnel, c'est impossible.

CORNEILLE.

Il l'est sans l'être.

SIMPSON.

Alors parlez. (A part.) Il est charmant cet oncle, et tout à fait rare.

Il le regarde des pieds à la tête.

CORNEILLE [1].

Qu'est-ce que c'est que cela?...

Il lui montre une photographie.

SIMPSON, à part.

Ah! diable, où a-t-il trouvé ce portrait? Je ne les tire que pour l'exportation. (Haut.) Je... c'est... écoutez... Je crois que vous êtes un malin.., vous... (A part.) Il n'en a pas l'air, mais flattons-le. (Haut.) Je vais tout vous dire parce que c'est vous!

CORNEILLE.

Cette confiance m'honore!...

SIMPSON, à part.

Il est si rare que je peux tout lui dire. (Il remonte avec mystère au fond. Corneille le suit étonné. — Haut.) Vous voyez bien ça, ce trou [2]? (Il montre une lucarne à droite.) Et ça, cet autre trou?

Même jeu à gauche.

CORNEILLE.

Ça fait deux trous...

SIMPSON.

C'est le secret de ma force.

CORNEILLE.

Ah!

SIMPSON.

Le secret de ma force.

CORNEILLE, montrant le portrait.

Mais ça?...

[1] Corneille, Simpson.
[2] Simpson, Corneille.

SIMPSON.

Vous allez comprendre.

Ils redescendent.

CORNEILLE.

Ah! merci!...

SIMPSON.

Les femmes, j'entends les femmes qui viennent ici,
c'est-à-dire la fleur des pois, ont toutes, au point de vue
de l'art auquel j'ai consacré ma vie, quelque chose de
plus spécialement réussi... Madame une telle a de ceci,
mais elle n'a pas de cela; madame Chose...

CORNEILLE.

Je comprends très bien. Madame Chose a de cela, mais
elle n'a pas de ceci. Elle n'est pas la seule, allez, madame
Chose.

SIMPSON, *riant.*

Oh! oh!...

CORNEILLE.

Alors?

SIMPSON.

Alors, pour faire connaître au monde entier mes irré-
sistibles toilettes, ces admirables conceptions qui font la
fortune d'une maison, et le succès d'un hiver, ah! voyez-
vous, (Lyrique.) mon cher Ducollier, j'ai trouvé un truc
écrasant...

Il le prend familièrement par les épaules.

CORNEILLE, *ennuyé.*

Il me tutoiera tout à l'heure!

SIMPSON.

Là, tenez, là, où vous êtes, aux grands jours d'essayage comme aujourd'hui, des femmes exquises viennent pour essayer...

CORNEILLE.

Naturellement!

4.

SIMPSON, avec transport.

Naturellement. Je les couve des yeux, j'ai d'ailleurs pour leurs factures des tendresses que vous comprendrez (A part.) et qu'elles ignorent. (Haut.) Je leur fais quarante pour cent et elles se plaignent, naturellement, eh! bien! au moment précis on se modèle sur ces créatures sans défiance l'admirable conception qui a jailli de ce cerveau (Il se frappe le front) sans cesse en éruption, vous m'entendez? un homme mystérieux, photographe muet, est là dans cette chambre, où là dans celle-ci, opérant en silence et évitant tout bruit révélateur. Une cliente sans se douter de rien, arrive, essaie, je presse un ressort, qui par un fil, correspond à une petite musique cachée là. Je pousse un cri : ne bougeons plus. On entend le *Beau Danube bleu...* (A ce moment Simpson remonte à l'un des mannequins qui se trouvent à droite. Il pose le doigt sur le sommet du pivot. On entend les quatre premières mesures du *Beau Danube bleu* joué par une sorte de boîte à musique.) Crac, l'épreuve est tirée, j'ai mon chef-d'œuvre avec les beautés de la personne qui a posé pour tels ou tels avantages, sans qu'elle s'en soit doutée une seconde... Et je répands au loin, pour le plus grand succès de mes affaires, ces admirables modèles de la confection parisienne!

CORNEILLE *.

Couturier, vous êtes un homme de génie. Et alors, cette dame... c'est?...

SIMPSON, regardant le portrait. — A part.

Numéro 11 *bis*. C'est avant le truc... non... il rirait trop. (A Corneille.) Vrai... celle-là... je ne peux pas vous dire...

CORNEILLE.

Non... sérieusement ?...

SIMPSON, riant.

Je ne peux pas vous dire... vous ririez trop...

* Simpson, Corneille.

CORNEILLE, à part.

Hein!... mais il plaisante lui. (A Simpson.) Sérieusement...
le nom de l'heureuse personne qui égaie ce bristol et je
vous tiens quitte.

SIMPSON, goguenard.

Non!... mon cher député.

CORNEILLE.

Ils m'ont dégommé depuis, mais comme ils me regrettent ! (A Simpson.) Si ?...

SIMPSON.

Tout ce que je puis vous dire, c'est que c'est la perfection même... Avec cette femme-là, voyez-vous, jamais
un mot, jamais une scène...

CORNEILLE, à part.

La femme de Legoff, c'est bien cela. (A Simpson.) Son
petit nom seulement?... Vous devez savoir les petits noms
vous ! avec le petit nom, je me tiendrai coi.

SIMPSON, riant.

Léocadie. (A part.) Il est fou.

CORNEILLE.

Merci. (A part.) J'eusse préféré Julie, à cause de Rousseau, mais bah !...

SIMPSON, à part.

N'oublions pas la caisse. (Haut.) Mon cher député, si
vous voulez passer à mon bureau.

CORNEILLE.

Mais avec joie, avec bonheur! (A part.) Le ministre de.
la nature !

SIMPSON, à part.

Il est fou. (A Corneille.) N'est-ce pas qu'il est écrasant le
truc, écrasant?

Corneille regarde curieusement le mannequin à musique. — Ils sortent en dansant.

SCÈNE X

SUZANNE, ZOÉ.

ZOÉ, entrant du fond, une robe sur le bras.

Suzanne, voici la robe de madame...

SUZANNE.

Il s'agit bien de robes et d'essayage, je m'en vais, je quitte la maison.

ZOÉ *.

Es-tu folle ?... et ton dédit ?...

SUZANNE.

Hercule va le payer, il me l'a promis...

ZOÉ.

Ah! t'es rien veinarde, toi.

SUZANNE, qui a regardé au fond.

Chut, le voici !

ZOÉ.

Avec Victoria, n'est-ce pas ?...

SUZANNE.

Parbleu ! ça lui coûte cher les visites qu'il vient faire ici.

SCÈNE XI

LES MÊMES, HERCULE, VICTORIA, entrant du fond.

HERCULE, saluant.

Mesdemoiselles !...

* Zoé, Suzanne.

SUZANNE.

Monsieur désire?...

HERCULE.

Pour moi, personnellement, rien, mais demandez à
madame. (A part.) Elle est adorable, cette Suzanne.

VICTORIA.

Mademoiselle, j'ai besoin d'une robe pour la redoute
des Radis-Noirs. Que pourriez-vous me faire?...

SUZANNE.

Nous allons voir, madame. Si vous voulez vous donner
la peine de vous asseoir.

Suzanne et Zoé cherchent des étoffes.

VICTORIA, à Hercule.

Eh bien! jeune Hercule, vous devez être content, je
vais encore me commander un costume aujourd'hui!...

HERCULE *.

Je vous remercie, Victoria, vous n'en commanderez
jamais assez!

VICTORIA, à part.

Quel drôle de petit bonhomme!...

HERCULE, à part.

Cela ne me procure-t-il pas l'occasion de revoir mon
idole?

VICTORIA, à part.

On n'est pas bête à ce point-là, j'en suis à ma huitième
toilette chez Simpson, et jusqu'à présent il ne m'a pas
demandé... ça! C'est un type!...

SUZANNE, à Victoria.

Vous savez, madame, que la peluche est tout à fait de
mode, en ce moment!...

* Suzanne, Victoria, Hercule, Zoé.

VICTORIA.

Oui! mais la peluche, c'est bien lourd, cela épaissit beaucoup la taille.

Zoé remonte et vient à l'un des mannequins de gauche.

SUZANNE.

Oh! je vous demande pardon, madame, nous pourrions vous faire un fourreau de peluche blanche Reine Hortense!...

VICTORIA.

Avec un décolleté à la vierge... alors?

ZOÉ, à part.

A la vierge, ah! malheur!

HERCULE, qui pendant ce temps a écrit sur son carnet de chèques.

Voilà le petit chèque pour le dédit de mademoiselle Suzanne, mais comment le lui remettre? je ne puis cependant pas lui donner de la main à la main... le... prix de... ah!... par l'entremise de Zoé. (Il l'appelle.) Pstt... pstt...

ZOÉ, s'approchant.

Hein! qu'y a-t-il?...

HERCULE.

Tiens! donne ceci à Suzanne.

ZOÉ.

Bien, monsieur, tout de suite.

HERCULE.

Non! pas tout de suite, tout à l'heure. (A part.) Ah! ces jolis petits cheveux, là, sur le front, vingt-cinq mille francs, pour les embrasser, c'est pour rien. Mon oncle va jubiler. (On entend la voix de Bouissol.) Oh! la voix de mon subrogé, le cousin Bonissol!...

VICTORIA.

Ciel! la voix de mon Portugais, de don Vélasquez; je suis perdue, s'il me voit ici avec ce jeune homme.

HERCULE.

Mon futur beau-père, où me fourrer?...

VICTORIA, suppliante.

Oh! mon ami! Au nom de ce que vous avez de plus cher au monde, disparaissez!...

HERCULE.

Sapristi! je ne demande pas mieux, mais par où?...

ZOÉ, le cachant.

Tenez, là, sur le fauteuil. (Il s'asseoit sur un fauteuil à droite, près du mannequin à musique; elle le couvre d'une robe.) Il était temps.

SCÈNE XII

LES MÊMES, BONISSOL, HERCULE, caché.

BONISSOL, saluant Victoria et lui baisant la main.

Bonjour, chère petite, comment allez-vous, adorable enfant?

VICTORIA *.

Je vous remercie, cher ami, que c'est gentil à vous d'être venu me voir ici!...

BONISSOL.

N'est-ce pas à moi de vous remercier de m'y donner rendez-vous. (A Zoé.) Mademoiselle, votre discrétion est inappréciable. Un mot de vous, l'autre jour chez mon cousin Ducollier, pouvait me perdre. N'oubliez pas que pour mademoiselle Victoria et pour Simpson, je suis toujours le senor Vélasquez, de Dulcigno!...

* Suzanne, Victoria, Bonissol, Zoé, Hercule, caché.

VICTORIA, le consultant.

Dites donc, cher ami, comment trouvez-vous cela ?...

Elle lui montre l'étoffe qu'elle a choisie.

BONISSOL.

Oh! charmant! ineffable, chère petite. (A Zoé.) Si vous saviez ce qu'est l'intérieur d'un homme mal marié, dont la femme revêche et grincheuse...

HERCULE, qui entend de sa cachette.

Eh bien! Il l'arrange bien, la maman Bonissol.

ZOÉ, bas, à Hercule.

C'est la vieille de l'autre jour?...

HERCULE, de même.

Oui!...

BONISSOL.

Obligé de percer le contrat d'outre en outre!...

HERCULE, à part.

Ah! mon futur beau-père joue les grands Dulcignoles!

VICTORIA.

Mais, approchez donc, Vélasquez, venez me dire votre goût.

SCÈNE XIII

Les Mêmes, SIMPSON.

SIMPSON, entrant. — A part.

Tiens! le senor Vélasquez, un nom de vieux tableau!... Et mademoiselle Victoria. (Il s'approche de celle-ci.) Mademoiselle...

VICTORIA.

Monsieur... vous voyez, c'est encore moi.

SIMPSON.

Enchanté, mademoiselle.

BONISSOL, s'approchant de Simpson.

Je viens, monsieur, pour une affaire grave.

SIMPSON.

Qu'est-ce qu'il y a?...

BONISSOL.

Excessivement grave!

SIMPSON, à part.

Diable !

BONISSOL *.

Qu'est-ce que c'est que ça?...

SIMPSON, à part.

Encore une photographie de mon grand tirage pour l'Adriatique.

BONISSOL, sévère.

Qu'est-ce que c'est que ça?

Il montre un portrait.

SIMPSON, à part.

Celui-là... il ne saura rien, mais flattons-le tout de même. (Haut, hésitant.) Voyons, là, est-ce que ça ne vous fait pas honneur?...

BONISSOL, regardant tour à tour Victoria et le portrait.

Alors?... ce serait elle?...

SIMPSON.

Euh!... attendez.

BONISSOL.

Je bous de colère ou d'orgueil... Je ne sais pas trop de quoi... mais je bous.

On entend la voix de madame Bonissol, au dehors.

---

* Suzanne, Zoé, un peu en arrière. Victoria, assise, Bonissol, Simpson. Hercule, caché.

SCÈNE XIV

Les Mêmes, MADAME BONISSOL, AGNÈS.

HERCULE.

Ciel !

BONISSOL.

Ma femme ! Dieu ! comment me cacher ?...

Zoé le cache sous une confection à gauche. Cette confection recouvre un mannequin ouvert à cet effet par le milieu et assez large pour dissimuler Bonissol. — Simpson est allé au-devant de madame Bonissol.

VICTORIA.

Sa femme ici ! voilà qui est fort !...

SIMPSON.

Madame ! mademoiselle !...

MADAME BONISSOL, à Agnès qui regarde Victoria.

Fais-moi le plaisir de ne pas regarder cette dame !...

AGNÈS.

Pourquoi donc ?... maman. Elle a une très jolie toilette.

MADAME BONISSOL *.

Trop jolie, ma fille, c'est pour cela. Il est impossible de venir chez ces grands couturiers sans y trouver des cocottes qui vous éclaboussent de leur luxe insolent, tandis que chez ma couturière de la rue Bellefond... Enfin, j'ai dû céder aux sollicitations d'Armandine et venir ici commander quelques toilettes pour toi, mon Agnès chérie.

AGNÈS.

Ah ! j'en suis bien contente, maman.

* Suzanne, Zoé, au fond. Victoria, assise, Agnès, madame Bonissol, Simpson.

VICTORIA, qui avant l'arrivée d'Agnès et de madame Bonissol avait dégrafé sa robe. — **A Suzanne,** qui est venue du milieu.

Vous ne comptez pas, je suppose, me faire essayer devant ces dames ?

SUZANNE.

Madame nous pardonnera, nous avons déjà du monde dans tous nos salons d'essayage.

VICTORIA.

Ah ! c'est très désagréable, se découvrir ainsi devant des gens qu'on ne connaît pas.

SUZANNE, à part.

Fait-elle sa mijaurée ! Comme si ça ne lui était jamais arrivé.

ZOÉ, prenant un corsage des mains d'une ouvrière qui l'apporte.

Voici le corsage de madame de Saint-Florin. (A Suzanne.) Je ne me trompe pas, des cousines à M. Hercule?

Elle montre les dames Bonissol.

SUZANNE, bas à Zoé *.

Comment le sais-tu?

ZOÉ, de même.

Elles étaient l'autre soir chez madame des Petits-Vallons.

SUZANNE, de même.

Tiens, c'est vrai. Eh bien! il doit être à son aise, Hercule.

ZOÉ, de même.

Oui! pour un salon où il ne vient jamais d'hommes, cela en fait déjà deux. Ah! à propos d'Hercule, il m'a remis ceci pour toi.

Elle lui donne le chèque.

* Une ouvrière, Victoria, Simpson, lui prenant mesure. Zoé, Suzanne, madame Bonissol, Agnès.

SUZANNE, ouvrant.

Ciel! mon dédit, un chèque de vingt-cinq mille francs!
Quel bonheur! Je vais donc être libre!

HERCULE, chantant.

Elle est à moi, c'est ma compagne!...

SIMPSON, aux dames Bonissol.

Vous disiez, madame?...

MADAME BONISSOL.

Mon Dieu! monsieur, je suis une nouvelle cliente.

SIMPSON.

Tout à votre service, madame!

MADAME BONISSOL.

Je voudrais pour ma fille une toilette de bal et un
costume de ville, mais quelque chose de simple.

SIMPSON.

Madame, on est à vous dans un instant. (A Suzanne.)
Mademoiselle Suzanne, voulez-vous vous occuper de la
commande de ces dames. (A Victoria.) Eh bien! mademoiselle, nous allons essayer.

VICTORIA, se préparant à enlever son corsage.

Vous avez mis un peu de...

SIMPSON.

Oh! mademoiselle, vous n'en avez pas besoin!

BONISSOL, à part.

Je crois bien!...

VICTORIA.

Toujours galant, monsieur Simpson!...

SIMPSON.

Mademoiselle, on ne saurait trop l'être avec vous.

Par le fond, Archimède est entré sur la pointe du pied.

SCÈNE XV

LES MÊMES, ARCHIMÈDE.

HERCULE, à part.

Tiens! l'oncle Archimède. Que vient-il faire ici?...

BONISSOL.

Eh! eh! le vertueux cousin. Est-ce que... lui aussi... aurait quelque Victoria?...

ARCHIMÈDE, à part et timidement *.

Ma femme n'est pas là?... Elle serait furieuse si elle me rencontrait dans les magasins de ce Simpson... chez lequel, je ne sais pourquoi, elle m'a formellement interdit de venir. (Il tire une lettre.) Ce cuistre de couturier ose m'écrire de pareilles insolences. Je viens protester (il parle haut en déclamant.) au nom des oncles présents et futurs contre les débordements de ces exploiteurs enjuponnés.

SIMPSON, l'apercevant, avec fureur.

Mais, monsieur, on n'entre pas ici!

HERCULE, à part.

Jamais d'hommes, ici!

BONISSOL, de même.

Jamais d'hommes, ici.

VICTORIA, furieuse.

Ah ça! il n'y a que des hommes chez vous, monsieur Simpson?...

SIMPSON.

Jamais, madame, jamais le sexe fort...

---

* Zoé, Suzanne, Simpson, Archimède, madame Bonissol et Agnès, assises.

VICTORIA.

C'est insupportable. Quand vous serez prêt, vous me préviendrez.

SIMPSON.

Veuillez patienter au buffet. (A Zoé.) Mademoiselle, au buffet. (A Victoria.) Dans une demi-douzaine de biscuits je suis à vous.

Victoria sort avec Zoé.

SCÈNE XVI

LES MÊMES, moins VICTORIA et ZOÉ.

AGNÈS.

Tiens, l'oncle Archimède!

MADAME BONISSOL.

Que vient faire ici le mari d'Armandine?... Courir après quelque donzelle, peut-être, lui qui se fait passer pour la vertu même.

ARCHIMÈDE, apercevant les dames Bonissol.

Ah! bigre! madame Bonissol! Elle va le dire à ma femme, il y aura du grabuge. (Les saluant.) Chère madame, enchanté de vous rencontrer. (A part.) Que le diable l'emporte!

SIMPSON.

Ah ça! monsieur?...

ARCHIMÈDE.

Est-ce que vous seriez par hasard M. Simpson?... le couturier américain?

SIMPSON.

Dou Sound.

ARCHIMÈDE.

Je dis : le couturier américain.

SIMPSON.

Je dis : du Sud. Je suis de Valparaiso ! Oui, monsieur,
l'unique, le célèbre Simpson.

ARCHIMÈDE.

Vous ne renierez pas votre signature, alors. Connaissez-vous cela ?...

SIMPSON.

Quoi ?...

ARCHIMÈDE.

Cela! « M. Ducollier, 53, faubourg Poissonnière.....
» Monsieur, j'ai l'honneur de vous informer que M. Her-
» cule... »

SIMPSON.

Tiens, ma lettre à l'oncle Ducollier !...

SUZANNE.

Le chasseur se sera trompé.

ARCHIMÈDE.

Comment, le chasseur s'est trompé ? Je ne suis donc
plus Archimède Ducollier, moi ?...

SIMPSON, à part.

Il est fou!

SUZANNE, à Archimède.

M. Ducollier sort d'ici.

ARCHIMÈDE, à Simpson.

Il sort d'ici, un autre peut-être, mais Ducollier Archimède, non, puisque c'est moi. (Montrant madame Bonissol.)
vous pouvez demander à madame!... Vous osez ou-
vrir aux enfants des comptes de douze mille francs! Mi-
notaure !

SIMPSON.

Ah ça! il y aurait donc deux Ducollier ?...

ARCHIMÈDE.

Trois, avec Hercule qui compte maintenant, ou plutôt
qui ne compte pas assez.

SUZANNE.

Alors, tout s'explique, le chasseur aura confondu.

ARCHIMÈDE.

Avec ça, qu'il ne me connaît pas, votre chasseur.

SIMPSON.

Mon chasseur vous connaît?...

Il fait signe à Suzanne d'aller chercher le chasseur.

ARCHIMÈDE.

Faites-le venir. Il ne sort pas de chez moi, je suis une
poule aux œufs d'or, pour vous, par ma femme.

ERNEST, accourant.

Plaît-il? Monsieur?...

SIMPSON.

Tu connais monsieur?...

Archimède le regarde avec tranquillité.

ERNEST.

Pardi, c'est le mari de madame des Petits-Vallons!...

ARCHIMÈDE, avec pitié.

Des Petits-Vallons, pauvre idiot !

Le chasseur se sauve.

MADAME BONISSOL, à sa fille.

Des Petits-Vallons? Qu'est-ce que cela veut dire?... Qu'al-
lons-nous apprendre? Sortons, ma fille!...

SIMPSON.

Ces dames s'impatientent. Mademoiselle Clarisse, veuillez conduire ces dames au rayon des soieries.

Elles sortent.

SCÈNE XVII

LES MÊMES, VICTORIA, ZOÉ.

VICTORIA.

Eh bien! voyons, monsieur Simpson, êtes-vous prêt, à
la fin?...

SIMPSON, à Victoria.

Voilà mademoiselle, voilà! (A Archimède confus.) Des Petits-
Vallons, des Petits-Vallons. Vous m'en direz tant, monsieur le comte.

ARCHIMÈDE.

Vous m'amusez.

HERCULE, caché.

Mon oncle! monsieur le comte...

SIMPSON, montrant Victoria.

Vous ne pouvez pas rester ici.

ARCHIMÈDE.

J'attendrai que madame soit essayée? alors...

VICTORIA, ironique.

Mais comment donc, monsieur, si vous voulez vous
donner la peine de vous asseoir.

HERCULE, caché.

Oh¡ oh!

BONISSOL, de même.

Ah! ah!

VICTORIA, à part.

En voilà un enragé, pour son âge.

SIMPSON.

Je vous le répète, il faut sortir, monsieur le comte.

ARCHIMÈDE.

Ah ! ne m'appelez pas monsieur le comte, en voilà
assez.

SIMPSON, furieux.

Eh! bien oui, en voilà assez, allez au diable !

ARCHIMÈDE.

Ils sont tous à lier, dans cette maison.

VICTORIA, rageuse.

Oui ou non, monsieur Simpson, allez-vous faire sortir
ce monsieur, et va-t-on enfin pouvoir m'essayer?...

SCÈNE XVIII

LES MÊMES, LÉOPOLD.

LÉOPOLD, à part, entrant.

Armandine m'a donné rendez-vous ici... je dois lui
rendre compte de ma démarche au sujet du fameux
portrait... je n'ai rien trouvé... je n'ai plus qu'une ressource, celle de consulter Simpson, le créateur de la *Mouche d'or*... Ciel!... le mari... Comment diable est-il ici? —
Eh! quoi, c'est vous, mon cher ami?...

ARCHIMÈDE, avec colère.

Eh ! bien, oui, c'est moi; et après ?

Il sort.

LÉOPOLD, à part.

Bigre! se douterait-il?... (A Simpson.) Mon cher Simpson, un service?...

SIMPSON.

Je n'ai pas le temps.

LÉOPOLD.

Je suis un ami.

SIMPSON.

C'est mon jour d'essayage.

LÉOPOLD.

Dites-moi seulement...

SIMPSON.

Une autre fois.

LÉOPOLD.

Mais il y va de l'honneur d'une femme...

VICTORIA, emportée.

Monsieur Simpson, à la fin des fins, vous fichez-vous de moi?...

SIMPSON.

Oh! mademoiselle, pouvez-vous croire! C'est une fatalité, jamais d'hommes ici, jamais d'hommes!...

HERCULE, caché.

Il a du toupet!

BONISSOL, de même.

Jamais d'hommes! elle est raide!

LÉOPOLD.

Mon petit Simpson, je vous en supplie.

SIMPSON.

Allez au diable!

LÉOPOLD.

Je ne partirai pas sans savoir...

SUZANNE, à Léopold, bas.

J'ai pitié de vous.

LÉOPOLD.

Comment?...

SUZANNE.

Montez cet escalier (Elle lui indique l'escalier de droite dont le spectateur n'aperçoit que les premières marches.) et prenez la pre-

mière porte à droite. (Elle écrit un mot.) « Monsieur Bello-
» cini, photographe. Inutile de venir aujourd'hui, rien
» de nouveau à l'essayage. » (Elle appelle.) Ernest, va por-
ter de suite ce mot à son adresse.

LÉOPOLD.

Mais c'est un ange, que cette petite femme-là.

SUZANNE, à Léopold.

Ne cassez rien, surtout.

ARCHIMÈDE, revenant à Simpson.

Ah! je vous retrouve, monsieur le couturier! Comment se fait-il?...

SIMPSON.

Eh! je vous l'ai déjà dit que je n'ai pas le temps de
vous répondre. En voilà des gêneurs, tous ces gens-là!

LÉOPOLD, à la lucarne-médaillon, à droite.

Où diable m'a-t-elle fourré? — c'est tout noir!...

SCÈNE XIX

LES MÊMES, ARMANDINE.

ARMANDINE, du dehors.

Je ne trouverai donc pas M. Simpson.

SUZANNE et SIMPSON.

Madame des Petits-Vallons!

BONISSOL.

La voix d'Armandine!

ARCHIMÈDE.

Ma femme!

HERCULE.

Ma tante!...

ARCHIMÈDE.

Où me cacher? je suis perdu!

SUZANNE, à Zoé.

Fourrons-le là-haut. (A Archimède.) Montez l'escalier et prenez la porte à gauche. Ne cassez rien, surtout!

Même jeu que pour Léopold, à gauche. — Il monte.

ARMANDINE, entrant avec fracas.

Ah! vous voilà, monsieur Simpson, c'est heureux, depuis une heure que je vous cherche de salon en salon.

SIMPSON.

Pardonnez-moi, madame, je suis en plein coup de feu!

ARMANDINE.

Eh! que m'importe à moi, votre coup de feu! Cette robe pour le bal du cercle des Palikares, l'aurai-je? Ne l'aurai-je pas?... voyons! parlez!...

ARCHIMÈDE, à la lucarne-médaillon, à gauche.

Où suis-je? Quels sont ces appareils et bocaux bizarres?

CLARISSE, entrant avec une robe.

Voilà la toilette de madame des Petits-Vallons.

SIMPSON.

A nous, madame, vous voyez que c'est prêt.

HERCULE, à part.

Je ne donnerais pas ma place pour celle de mon concierge.

BONISSOL, de même.

Je voudrais bien sortir d'ici!...

LÉOPOLD.

On est très bien où je suis; c'est une vue de dos.

ARCHIMÈDE, de même.

Ciel! ma femme qui va se déshabiller. Ah! mais! ah! mais..

SIMPSON, à Suzanne.

Est-ce qu'il n'y pas un salon vacant pour madame des Petits-Vallons?

SUZANNE.

Non, monsieur, tout est pris.

SIMPSON.

Diable! Alors, madame, vous permettez que nous essayons ici, devant madame?

Il montre Victoria.

ARMANDINE *.

Eh! que m'importe cette demoiselle, elle n'est pas de mon monde, et puis d'ailleurs...

SIMPSON, montrant Armandine aux demoiselles qui apportent un corsage à essayer.

A madame le vieil or!...

VICTORIA, à Simpson.

Il faut que ça colle de partout.

SIMPSON.

Oh! soyez tranquille, mademmoiselle, ça vous ira comme un gant. Nous allons descendre un peu la pince pour que la gorge de madame se dessine dans toute son ampleur.

BONISSOL, à part.

Eh! eh! c'est un métier qui a du bon que celui du couturier!...

LÉOPOLD, à part.

Pas mal du tout, la petite cocotte!...

ARCHIMÈDE, à part.

Ma femme se découvre, ah! mais! ah! mais!...

---

* Zoé, Victoria, Simpson, Bonissol, caché. Archimède, à la lucarne à gauche, Suzanne, Armandine, Émilie. Hercule, caché, et Léopold, à la lucarne à droite.

SIMPSON.

La coupe est bonne. (Il promène sa craie sur le corsage en dessinant, accentuant ou amoindrissant les contours de Victoria et d'Armandine. — Il épingle à droite et à gauche, va de l'une à l'autre, etc., etc.) Là, nous avons une taille exquise.

SUZANNE, à Armandine, qui a ôté son corsage et essaye la confection.

Ce sera, je crois, une idée trop large de la taille.

ARMANDINE.

Oh! je ne crois pas!...

SUZANNE.

Pardonnez-moi, madame, nous reprendrons un peu sur les petits côtés.

On entend un bruit de verres cassés du côté droit.

TOUS, effrayés.

Ah!

SIMPSON.

Ce n'est rien, c'est le vent.

LÉOPOLD.

C'est l'atelier de Tourtin, ici!...

SIMPSON.

Mon artiste ordinaire est à son poste.

Même bruit du côté d'Archimède.

TOUS, effrayés.

Ah!

SIMPSON.

Ce n'est rien, c'est l'orage!

ARCHIMÈDE.

Je suis chez Pierre Petit.

SIMPSON.

Il s'impatiente, lui et son opérateur. (Avec emphase.) Ne bougeons plus!

Comme un photographe, il compte en regardant sa montre. De la main gauche il appuie sur le pivot du mannequin de droite. Même effet qu'à la scène du commencement avec Corneille. — Pendant ce temps-là on entend les premières mesures du *Beau Danube bleu*. — Les femmes restent immobiles en se regardant dans les glaces.

HERCULE.

Tout s'explique!...

LÉOPOLD, paraissant à la lucarne.

Voilà donc ce mystère.

ARCHIMÈDE, de même, indigné.

Ah! mais! ah! mais! ah! mais!...

SIMPSON, à part.

Avec qui cause-t-il donc, mon photographe? C'est fait. (La musique s'arrête.) Mesdames, je vous remercie. (A part.) C'est écrasant!...

ARMANDINE.

Adorable, ce *Beau Danube bleu*.

VICTORIA.

Vous aimez cet air, monsieur Simpson?

SIMPSON.

Je crois bien, mademoiselle. (A part.) C'est le secret de ma force!...

VICTORIA, à Zoé.

Ne pourriez-vous pas échancrer le corsage un peu plus dans le dos? J'ai un petit signe là, qui est très joli... et je voudrais...

ZOÉ.

A moins que madame ne veuille pas mettre de corset.

ARMANDINE.

Il me semble que ceci descend bien... Je n'oserai...

SIMPSON.

Oh! mon Dieu! un peu plus un peu moins, au point où nous en sommes... Mais c'est beaucoup plus artistique ainsi.

ARMANDINE.

Et maintenant, monsieur Simpson, voyons votre grande conception de l'hiver?

VICTORIA.

Oui! voyons, monsieur Simpson?

SIMPSON.

Voilà, mesdames! Tenez, vous jugerez mieux de l'effet
sur mademoiselle Suzanne!...

SUZANNE, revêtant un corsage décolleté en étoffe brillante.

Voilà, monsieur!...

LÉOPOLD, caché à la lucarne.

Au tour de Suzanne, maintenant... Je ne m'ennuie pas
du tout ici!

BONISSOL, caché.

C'est un vrai paradis de Mahomet ici!

ARCHIMÈDE, à la lucarne.

Quel sultan que ce couturier!

HERCULE, à part.

Suzanne!... Ah! qu'elle est belle!

BONISSOL, de même.

Eh! eh! elle est bien faite, la petite!

LÉOPOLD, de même.

Quelle gaillarde!

ARCHIMÈDE, de même.

Eh! eh! elle est joliment taillée!

ZOÉ, à part.

Eh bien! ils doivent rien s'amuser!

ARMANDINE, quand Suzanne a revêtu le corsage.

Oh! c'est ravissant!

VICTORIA.

Ravissant! Et comment appelez-vous cette création?

SIMPSON, avec fierté.

La Question d'Orient!...

VICTORIA.

Tiens! Pourquoi donc?

SIMPSON.

C'est bien simple! Une fois que vous êtes entrée... dedans... vous n'en pouvez plus sortir!

TOUS, riant.

Ah!

Suzanne est auprès d'Hercule.

HERCULE, lui embrassant la main.

Tout pour toi!

SUZANNE, poussant un petit cri.

Ah!

SIMPSON.

Hein!

VICTORIA.

Quoi?...

ARMANDINE, à Suzanne.

Vous vous êtes piquée?...

SUZANNE.

Moi! non!... au contraire!...

ARMANDINE, à Émilie.

Voulez-vous me donner ma robe, je vous prie, mademoiselle?

VICTORIA, à Clarisse.

Et à moi la mienne, mademoiselle!...

Emilie et Clarisse en remuant les étoffes menacent de découvrir Hercule et Bonissol.

HERCULE.

Elles vont me démasquer!

BONISSOL.

Elles vont me découvrir!...

ARCHIMÈDE.

J'ai toujours ma demi-douzaine de portraits-cartes. Ça pourra servir. Ah! mais! ah! mais! ah! mais!...

LÉOPOLD.

Déjà fini!

HERCULE, envoyant des baisers à Suzanne.

A toi! Quelles épaules! quels bras!

SUZANNE, à part.

Je le tiens bien.

ARMANDINE.

Eh bien! monsieur Simpson, c'est entendu, vous me ferez une Question d'Orient!...

SUZANNE.

Je crois que maintenant je puis quitter Simpson.

ARMANDINE.

Heureusement que mon mari ne vient jamais au bal avec moi, sans cela il ne souffrirait pas...

SIMPSON.

Votre mari?... Il sort d'ici... M. le comte des Petits-Vallons était ici il y a une demi-heure.

ARMANDINE.

Le comte des Petits-Vallons?... Mon mari? Un vieux?

ARCHIMÈDE.

Hein?

SIMPSON.

Oui! oui!...

ARMANDINE.

Je lui avais défendu de venir dans cette maison.

SIMPSON.

Il me l'a dit.

ARCHIMÈDE.

Ah! mais! ah! mais!...

ARMANDINE.

Malheureux, vous m'avez perdue. Vous ne savez donc pas que mon mari s'appelle Ducollier, et que j'avais pris ce pseudonyme pour ne pas l'effrayer par mes dépenses de toilettes.

ARCHIMÈDE, à la lucarne.

Qu'entends-je?...

BONISSOL, caché.

Aïe! aïe! aïe!

ZOÉ, à part.

Tiens! Il doit rire le vieux!

SIMPSON, sans comprendre, à Armandine.

Encore un Ducollier! Oh! madame! toutes mes excuses!...

SUZANNE, à Simpson.

Monsieur Simpson, voici mon dédit. Je vous fais mes adieux.

SIMPSON, consterné.

Votre dédit! Suzanne! Eh quoi! vous me quittez?

SUZANNE.

Eh oui! Croyez-vous donc que j'allais rester mannequin toute ma vie?

SIMPSON, suffoqué.

Ah! mais, je suis ruiné!... je suis ruiné!...

SCÈNE XX

Les Mêmes, CORNEILLE, MADAME BONISSOL, AGNÈS.

CORNEILLE, tournant sur lui-même au fond.

Impossible de retrouver la porte de sortie.

Il reste en contemplation devant Armandine, qui est encore découverte.

SIMPSON, apercevant Corneille et lui faisant faire volte-face.

Ne regardez pas! ne regardez pas!

CORNEILLE, en se retournant, aperçoit Archimède sur la galerie du
premier étage.

Archimède!

ARCHIMÈDE.

Corneille!

MADAME BONISSOL, entrant suivie d'Agnès, avec fureur.

Mon mari!...

BONISSOL, découvert.

Pincé!

AGNÈS.

Papa!

ARMANDINE, se cachant avec la robe qui couvrait Hercule.

Hercule!

Léopold paraît aussi sur la galerie, brandissant un instrument de photographe.

ZOÉ, riant.

C'est rien rigolo!

HERCULE, chantant et dansant, en face de son oncle enchanté.

Air *de Fahrbach.*

C'est Zola
Qui veut ça,
Ah! ah! ah!

SIMPSON, perdant la tête.

Jamais d'hommes ici, jamais d'hommes!...

ACTE TROISIÈME

Chez Hercule. — Un salon très élégant. — Au fond, cheminée. — Au milieu, une table. — A droite, premier plan, un guéridon avec une bouteille et un verre, meubles, chaises. — Portes latérales à chaque plan.

SCÈNE PREMIÈRE

HERCULE, puis ZOÉ.

HERCULE, lisant un journal, assis.

Voyons, où pourrais-je conduire Suzanne ce soir? (Il lit.) L'Opéra?... *Guillaume Tell*... Brrr... L'Opéra-Comique?... *Roméo et Juliette*... Ah!... Quand donc le chant du rossignol me surprendra-t-il, moi, dans les bras de ma Juliette?... Tiens! bonjour, Zoé!...

ZOÉ, entrant.

Bonjour, monsieur Hercule, on apporte cet écrin.

HERCULE, il se lève.

Toujours pour Suzanne. (Il ouvre l'écrin.) Tiens, regarde!

ZOÉ.

Des brillants... Mazette!...

HERCULE *.

Je ne lui refuse rien... Elle... c'est différent... elle passe
son temps à me faire la musique du mariage légal!...
Elle lit un tas de bouquins : *Les femmes qui tuent, les
femmes qui votent*... Et des phrases... des phrases sur les
balançoires du jour!... Onze heures et Suzanne ne rentre pas, où donc est-elle allée ce matin?...

ZOÉ.

Parbleu! visiter le petit hôtel de la rue Fortuny dans
lequel vous l'installez ce soir!...

HERCULE.

Il est gentil, hein! le petit hôtel?...

ZOÉ.

Un palais. (A part.) A-t-elle de la veine cette Suzanne!
(Haut.) Ça doit coûter bon, tout ce que vous lui payez depuis quinze jours?...

HERCULE.

Bah! n'ai-je pas le livre de chèques sur le Crédit Lyonnais que m'a confié mon oncle Corneille? Il est vrai que
du train que je mène, quinze mille francs par-ci, vingt-
cinq mille francs par-là, le petit hôtel, ça chauffe un peu.

ZOÉ.

Que dit-il de tout cela, votre oncle Corneille?...

HERCULE.

Lui! il est enchanté. Ça entre dans son système. (A part.)
Ah! pauvre oncle, s'il savait... (Haut.) C'est bien gentil à
toi d'être venue nous voir.

ZOÉ.

Et vos autres parents?...

* Zoé, Hercule.

HERCULE.

Eux?... Ils sont furieux depuis l'affaire de chez Simpson, mon oncle Archimède parce que ma tante Armandine lui fait des scènes terribles et le traite de coureur... Pauvre oncle!...

ZOÉ.

Mais en attendant que vous épousiez Suzanne? car vous l'épouserez?...

HERCULE.

Je commence à le croire!... Eh bien?...

ZOÉ, malicieusement.

Ça va?

HERCULE.

Oh! ça va. (A part.) Elle est impertinente cette petite...

ZOÉ, à part.

Je crois que tu te vantes, mon bonhomme. Suzanne m'a dit le contraire.

HERCULE.

Et Simpson?... va-t-il, lui?...

ZOÉ.

Il est désolé. Il a télégraphié dans toute la France et même à Taïti, notre nouvelle colonie...

HERCULE.

Oui!...

ZOÉ.

Mais impossible de retrouver une Suzanne... On lui propose bien des personnes qui offrent les qualités physiques de l'emploi délicat que vous connaissez...

HERCULE.

Mais...

ZOÉ.

Mais la question du traité à signer, c'est toujours là le
hic. Personne n'ose prendre l'engagement redoutable que
Suzanne avait accepté...

HERCULE.

Vraiment!

ZOÉ.

De sorte qu'il ne poursuit qu'un but, reconquérir Suzanne... intacte si c'est possible... Or, je crois que...

HERCULE.

Tu crois que... (a part.) Se douterait-elle?...

ZOÉ, à part.

Il n'y a rien de perdu... J'en préviendrai Simpson et
j'y gagnerai Florentin!... Il me l'a dit!...

SCÈNE II

Les Mêmes, SUZANNE.

SUZANNE, entrant par la droite, premier plan.

Bonjour, Zozo, bonjour, Hercule!...

HERCULE.

Vous avez été bien longtemps?...

SUZANNE.

Vous trouvez, Hercule?... Tenez, j'ai pensé à vous!
mettez cela à votre boutonnière. (Elle lui tend un petit bouquet.)
Lilas blanc et marguerite... Innocence.

Elle rit.

HERCULE, à part.

Elle se moque de moi. (A Suzanne.) Croyez-vous donc que je vous aie oubliée, moi?... Mettez ceci.

Il lui donne l'écrin.

SUZANNE, regardant les brillants.

Les beaux brillants! Tenez, je vous permets de m'embrasser.

ZOÉ, à part.

Fait-elle assez de lui tout ce qu'elle veut!...

SUZANNE.

Zoé, tu viens déjeuner avec nous au restaurant?...

ZOÉ.

Oh! impossible, je retourne chez Simpson. Il me flanquerait à la porte si je n'arrivais pas à l'heure, et dame... (Bas, à Suzanne.) moi, je n'ai pas d'Hercule à dévorer... Adieu...

Elle sort.

SCÈNE III

HERCULE, SUZANNE.

HERCULE.

Etes-vous contente de ce petit hôtel?...

SUZANNE.

Tout à fait...

HERCULE.

Avec quelle joie je quitterai ce maudit appartement où vous avez voulu avoir votre chambre, celle-ci, (Il montre à droite.) tandis que vous ne me permettiez pas de sortir de la mienne, celle-là.

Il montre la gauche.

SUZANNE, à part.

Aïe...

HERCULE *.

A partir de ce soir, là-bas, n'aurons-nous pas le même
abri ?...

SUZANNE,

Certes !...

HERCULE.

Comme vous dites cela !...

SUZANNE.

C'est que...

HERCULE.

Quoi ?...

SUZANNE.

J'ai un grand aveu à vous faire !...

HERCULE.

Encore ! L'aveu du bon motif, je commence à le connaître.

SUZANNE, pleurant.

Ah ! que je suis malheureuse !...

HERCULE, s'empressant.

Oui ?...

SUZANNE.

Je suis bien malheureuse !...

HERCULE, à part.

Tous les jours elle a cette crise-là. (A Suzanne.) Pourquoi ?...

SUZANNE, pleurant.

Vous ne voulez pas m'épouser, moi qui ai su toujours
rester pure, — par traité, c'est vrai ! mais qu'importe !...

* Hercule, Suzanne.

HERCULE.

Moi ! je veux bien, mes cordes vibrent, je vous adore, mais c'est mon oncle qui ne veut pas ..

SUZANNE.

N'est-ce que votre oncle ?... votre oncle Corneille ?...

HERCULE.

Lui ! et les autres parents.

SUZANNE.

Je les verrai.

HERCULE.

Ah! mais non. .

SUZANNE.

Je leur dirai...

HERCULE.

Ah! mais non ! ah! mais non !...

SUZANNE.

Si... si... quand ils sauront que je suis toujours digne de leur confiance, ils m'écouteront et donneront leur consentement ?...

HERCULE.

Eh ! là ! eh ! là! eh ! là !...

LE DOMESTIQUE, annonçant.

M. Léopold de Saint-Chamond.

HERCULE.

Faites entrer!...

SCÈNE IV

SUZANNE, HERCULE, LÉOPOLD.

LÉOPOLD.

Enfin ! je vous trouve tous les deux. Voilà dix fois que
je viens ici !...

SUZANNE.

C'est aimable à vous...

HERCULE.

Nous sommes toujours au Bois, au théâtre. On ne voit
que nous au théâtre et au Bois !...

SUZANNE.

C'est vrai !

LÉOPOLD *.

L'oncle Corneille m'a dit cela. Il est très content l'oncle Corneille. Rousseau doit l'être aussi, et Zola donc ?...
C'est au faubourg Poissonnière qu'on ne l'est pas. Etes-
vous assez gentils tous les deux, là ?... Ah ! je suis fier de
mon préceptorat maintenant !...

HERCULE, à part.

Il n'y a pas de quoi...

LÉOPOLD.

Tu dis ?...

HERCULE.

Je dis, il n'y a pas que toi, mon vieux Léopold.

Il le prend par le bras.

LÉOPOLD, à part.

Il devient familier. C'est l'ivresse, le bonheur à son
paroxysme. (Haut.) C'est le moment d'obtenir le pardon
de la tante qui trouve que l'expérience a déjà trop duré.

* Suzanne, Léopold, Hercule.

SUZANNE.

Venez-vous déjeuner avec nous ?...

LÉOPOLD,

Non ! merci... je... (Bas à Hercule.) Renvoie-la.

HERCULE.

Hein ?...

LÉOPOLD.

Renvoie-la.

HERCULE.

Ah !...

SUZANNE.

Vous dites ?

HERCULE, à Suzanne.

Chère Suzanne„c'est aujourd'hui jour d'examen, je vois ça d'ici. Mon précepteur va me pousser une colle... Laissez-moi seul avec mon précepteur.

SUZANNE.

Très volontiers... (A part.) Oh ! je verrai l'oncle, je le verrai aujourd'hui même.

Elle sort par la droite premier plan.

SCÈNE V

LÉOPOLD, HERCULE.

LÉOPOLD.

Eh bien ?...

HERCULE.

Eh bien ?...

LÉOPOLD.

Ça va ?...

HERCULE, étonné.

Ça va ?... Encore ?... Oh ! ça va !

LÉPOLD.

Très bien ?...

HERCULE.

Tout ce qu'il y a de plus très bien. (A part.) Ils sont drôles tous ces gens-là.

LÉOPOLD.

On m'avait même dit que ça allait trop bien.

HERCULE, fat.

Euh!... (A part.) Il va me pousser une colle.

LÉOPOLD.

Oui... oui... oui...

HERCULE.

Bah !

LÉOPOLD.

On m'a dit que tu voulais épouser Suzanne !

HERCULE.

Eh bien ! après ?...

LÉOPOLD.

Fais pas ça.

HERCULE.

Pourquoi ?...

LÉOPOLD.

Ce serait trop bête.

HERCULE.

Hein!...

LÉOPOLD, à part.

Il est idiot ce gamin-là... Il tient de famille.

SCÈNE VI

LES MÊMES, CORNEILLE.

CORNEILLE.

Le maître chez l'élève. Je ne pouvais mieux tomber.
(A Hercule.) Bonjour, Télémaque. (A Léopold.) Bonjour, Mentor.

HERCULE.

Mon oncle ! Quel bon vent vous amène?.:.

LÉOPOLD.

Quel heureux hasard ?...

CORNEILLE *.

Une petite affaire de famille, un rien... hein... jeune
piocheur, ça va les études?... Eh bien ! ça va.

HERCULE.

Ça va? Ah ! mais c'est la question du jour... Ça va! mon
oncle, ça va très bien. Ils m'ennuient tous!...

CORNEILLE, s'assoyant à la table.

Qu'est-ce que je vous disais, Léopold, en vous donnant
les photographies de Legoff?...

LÉOPOLD.

Vous aviez raison !... avec cette personne-là jamais un
mot, jamais une scène. Ils ont l'air très heureux.

HERCULE.

Tenez ! mon oncle. (Lui donnant des factures.) Facture, quinze
mille. Tenez, mon oncle, le bijoutier, trois mille. Tenez,
mon oncle, petit hôtel, cinquante-cinq mille... Ce n'est
pas cher.

---

* Hercule, Corneille, Léopold.

CORNEILLE.

Comment, un hôtel?...

HERCULE.

Ah! c'était la condition *sine qua non*. Et vous me l'avez
dit vous-même : Va, mon garçon, quand il n'y en aura
plus...

CORNEILLE.

Il y en aura encore.

LÉOPOLD.

Mais, tranquillisez-vous, l'épreuve doit toucher à sa
fin!...

♥ HERCULE.

Ah! non, par exemple.

LÉOPOLD.

Je comprends que vous manifestiez le désir de pro-
longer jusqu'au dernier moment cette étude inaccoutu-
mée de l'humanité dans ce qu'elle a de plus gracieux,
mais...

HERCULE.

Quoi?...

CORNEILLE, à Léopold.

Je vous vois venir.

LÉOPOLD.

Moi!...

CORNEILLE.

La tante Armandine vous a dit : Ramenez Hercule à la
petite Bonissol, tout de suite, sans quoi la famille s'entre-
déchire...

LÉOPOLD.

Oui!...

CORNEILLE.

Et à ce prix je vous pardonne...

LÉOPOLD.

Ma foi, je l'avoue...

CORNEILLE.

Et vous ramenez vous, vous ramenez.

HERCULE.

Qu'est-ce que vous complotez donc là, vous deux ?

LÉOPOLD.

Rien, une petite surprise.

CORNEILLE.

Mais justement j'entends moi, qu'il aille jusqu'au bout.

HERCULE.

A la bonne heure ! (A part.) Tiens, il est bon, c'est seulement ce soir que j'entre en huitième. Et de là au bachot... de la nature, il y a loin encore.

CORNEILLE.

Oui, tu iras jusqu'au bout. Elle n'est pas ici, la jeune personne ?...

Il regarde autour de lui.

HERCULE.

Non !...

LÉOPOLD, il s'assoit au fond.

Elle attend au restaurant.

CORNEILLE.

Tu vas l'y rejoindre, très bien. Ah ! tu dois être très fort. Tiens ! je viens de prendre chez ton concierge ce papier, qui me paraît être le double de celui-ci. Tiens ! lis-moi ça.

Il lui remet un papier et en tire un autre de sa poche.

HERCULE.

Voyons un peu. (Il lit.) « Attendu que l'état mental du sieur Ducollier compromet la tutelle et les intérêts du

mineur, pauvre d'esprit lui-même. Attendu que la con-
duite d'Hercule, autorisée par Corneille Ducollier a jeté
le désordre dans la famille la plus unie, notamment par
le spectacle qu'il a été donné au requérant de voir chez
un sieur Simpson ainsi déclaré... »

LÉOPOLD.

Ah! ah! du papier timbré.

CORNEILLE, achevant la lecture, assis.

« Par ces motifs, demandons la réunion immédiate d'un
conseil amical de famille qui préparera la déchéance du
tuteur Ducollier et son remplacement par un parent sain
d'esprit... Afin qu'il n'en ignore, avons dénoncé la présente au domicile du mineur, 7 rue de l'Arcade, et le
conseil de famille se réunira audit domicile aujourd'hui
même, étant donnée l'urgence, dont le coût est de sept
francs cinquante. »

HERCULE.

Hein!...

LÉOPOLD.

Bon!...

CORNEILLE.

Vous me voyez bien calme, je les attends.

HERCULE.

Ici?...

CORNEILLE, tirant sa montre.

Dans vingt minutes, c'est pour midi, midi et quart. Ils
sont tous enragés, mais ça m'est bien égal.

HERCULE.

Et qu'allez-vous faire?...

CORNEILLE.

Je vais comparaître parbleu, devant le conseil de famille, conseil amical, qui préparera le conseil légal. Je
soutiendrai le feu convergent de ton oncle Archimède,

de sa femme, de la maman Bonissol et de ton subrogé-
tuteur, qui les mène tous.

HERCULE.

Et après?

CORNEILLE.

Après? Mais il n'y a pas un juge de paix qui ne m'ab-
soudrait. Je vais développer devant lui ma théorie sur
l'enseignement expérimental. Je lui ferai avaler mes brochures!... Vous êtes témoin, vous Léopold, je vous ai fait
citer.

LÉOPOLD.

Quelle drôle d'idée!...

HERCULE.

Laissez-les donc tranquilles! Qu'est-ce que ça vous
fait maintenant de passer la main à Bonissol, je n'ai plus
besoin de tuteur.

CORNEILLE.

Parce que?...

HERCULE.

Dame, si je me marie avant le délai que vous m'avez
fixé.

CORNEILLE.

Eh bien?

HERCULE.

Le code, le bon code ne dit-il pas que le mineur est
émancipé de plein droit par le mariage?...

CORNEILLE.

C'est vrai! mais je tiens à lutter pour l'honneur de
mon système. Ton exemple sera consigné en tête de mon
projet!... Je dirai à la Chambre : J'ai fait cette expérience
in anima vili.

LÉOPOLD et HERCULE, l'un après l'autre.

Merci.

CORNEILLE.

Et les résultats en ont été merveilleux !...

HERCULE, à part.

Merveilleux, pas encore.

CORNEILLE *.

Je ne veux pas entrer dans ta vie privée, mais si je consulte le Crédit Lyonnais...

Il feuillette ses papiers.

LÉOPOLD.

Oh! oh!...

CORNEILLE.

Et les mémoires des fournisseurs...

HERCULE, à part.

Hélas!

CORNEILLE.

Tu dois être furieusement instruit.

HERCULE.

Tout porte à le croire.

CORNEILLE.

Ah! le ministre de la nature! J'espère que j'ai tenu mon portefeuille avec un certain brio, et je vais demander au juge de paix un vote de confiance.

HERCULE, à part.

Laissons-le dans sa douce erreur puisque... ce soir... (A Léopold.) Léopold, allons, filons. Vous nous excuserez, mon oncle.

CORNEILLE.

Allez! allez! Ne vous éloignez pas trop, Léopold, vous êtes témoin, ne l'oubliez pas.

LÉOPOLD.

Soyez tranquille, je ne l'oublie pas. (Ils sortent.) Mais quelle drôle d'idée !

* Léopold, Corneille, Hercule.

CORNEILLE.

J'attends mes adversaires l'âme sereine... avec la conviction du devoir accompli.

SCÈNE VII

CORNEILLE, SIMPSON, entrant par la droite, deuxième plan.

SIMPSON.

Ah! monsieur Corneille.

CORNEILLE.

Bonjour, couturier, qu'est-ce qui vous amène?...

SIMPSON.

Suzanne! Je croyais la trouver ici... Elle peut me sauver... j'ai un accident dans ma maison.

CORNEILLE [*].

Toujours?...

SIMPSON.

On m'a cassé, figurez-vous, un chef-d'œuvre, une femme en biscuit, idéalement faite, sur laquelle je taillais mes costumes il y a six mois avant d'avoir découvert Suzanne. Me voilà sans modèle pour quelque temps. Je venais la supplier de me prêter son concours, pour une toilette écrasante dont j'ai le plan là.

Il se frappe le front.

CORNEILLE, sévère.

Elle n'est pas ici, sans quoi admettriez-vous que j'y fusse?...

SIMPSON.

Loin de moi la pensée... je me retire.

CORNEILLE.

Qu'est-ce que c'est encore que votre femme en biscuit?...

---

[*] Corneille, Simpson.

SIMPSON.

Un chef-d'œuvre de plastique!

CORNEILLE.

Pardon! Vous avez, si je ne m'abuse, des personnes na-
turelles à qui vous empruntez subrepticement... hein...
le truc écrasant du photographe?... la petite musique?...

Il fredonne le Danube bleu.

SIMPSON.

C'est vrai, mais vous savez, la plus délirante d'entre
les femmes a toujours une petite imperfection. La Pro-
vidence l'a voulu ainsi pour le malheur des couturiers...
Et puis...

CORNEILLE.

Ah!... Qu'est-ce encore?...

SIMPSON.

Depuis qu'on l'a raconté dans les journaux le truc du
photographe, la petite musique, pas une des femmes du
monde chic ne veut essayer chez moi... C'est la ruine...
Ah! Suzanne! Suzanne!

CORNEILLE.

Il y a un moyen bien simple de remonter votre établissement. Epousez-la. (A part.) Puisque bientôt nous
n'en aurons plus besoin.

SIMPSON.

Hein! quoi?... Tiens, tiens... Vous avez des idées, vous!
Je me sauve, à bientôt.

CORNEILLE.

Vous avez reçu l'assignation?... Vous savez que vous
êtes témoin aussi, vous! Je vous ai fait citer.

SIMPSON.

Ça, c'est une drôle d'idée.

CORNEILLE.

Vous verrez vos amis.

SIMPSON.

Quels amis ?...

CORNEILLE.

Archimède et Vélasquez.

SIMPSON.

Ne me parlez pas de ces deux hommes, ils m'en ont envoyé, eux, des témoins, je leur ai envoyé les miens et ceux-ci ont arrangé l'affaire, naturellement. D'ailleurs, quand on charge d'une affaire le capitaine Legoff!...

CORNEILLE.

Vous connaissez Legoff, de la *Fulgurante*?

SIMPSON.

Un ami de vingt ans, c'est lui que je charge d'inonder le monde de mes prospectus. Il est toujours à la maison, quand il n'est pas sur l'Océan.

CORNEILLE.

Mais je le croyais dans l'Adriatique?...

SIMPSON, tirant une lettre de son portefeuille.

Faux départ. Tenez, il m'écrit hier : « Mon cher Simp-
» son. Je suis censé parti pour les besoins d'une bien
» bonne... que j'ai faite à un bourgeois. »

CORNEILLE.

Hein !...

SIMPSON.

Je n'ai plus rien à vous cacher, vous qui savez les secrets de mon intérieur.

CORNEILLE.

Qui est-ce qui ne les connaît pas maintenant?...

SIMPSON.

Lisez la lettre.

Il la lui donne.

CORNEILLE, lisant.

« Pour me délivrer de ce raseur et de ses théories sur

» l'enseignement, je lui ai fourré une douzaine de pho-
» tographies représentant votre femme en biscuit. »
J'en ai assez lu, monsieur le couturier.

SIMPSON, avec pitié.

Le raseur c'était vous? Pauvre monsieur Ducollier,
vous me faites de la peine...

CORNEILLE, tirant la photographie de sa poche.

Alors ce n'était donc pas votre mannequin en vrai,
ça?...

SIMPSON.

Jamais de la vie!...

CORNEILLE.

Pourquoi ne me l'avez-vous pas dit quand je suis allé
chez vous?...

SIMPSON.

Ça vous aurait fait trop rire, et je rougissais de ce
procédé primitif alors que je venais de trouver le truc
écrasant de la petite musique... Je vous quitte; excusez-
moi, je vous quitte. Je reviendrai. Ah! vous avez des
idées, vous.

CORNEILLE.

Que le diable emporte ce Simpson, je suis roulé!...

SCÈNE VIII

CORNEILLE, BONISSOL, MADAME BONISSOL, ARCHIMÈDE, ARMANDINE.

LE DOMESTIQUE, précédant la famille.

Si ces dames et ces messieurs veulent entrer...

CORNEILLE.

Ah! (a part.) Messieurs les jurés.

BONISSOL, raide, donnant le bras à sa femme, entre par la gauche,
deuxième plan.

C'est ici.

MADAME BONISSOL, revêche.

Taisez-vous, vous.

BONISSOL, à Corneille, sèchement.

Bonjour.

MADAME BONISSOL, de même.

Monsieur, je ne vous salue pas.

ARCHIMÈDE, de même, suivant à distance.

Bonjour.

ARMANDINE, avec pitié.

Pauvre Corneille!...

CORNEILLE.

Oh! oh!...

MADAME BONISSOL.

M. Hercule est absent au moins!...

BONISSOL.

Et sa dame aussi... j'espère... Il est bientôt l'heure.

MADAME BONISSOL.

La justice va décider, monsieur, si une famille honnête jusqu'alors va pouvoir être désorganisée par le
libertinage d'un de ses membres!...

CORNEILLE.

Attendons le juge de paix!...

ARCHIMÈDE.

C'est moi-même qui l'ai prévenu, à la mairie du
dixième arrondissement, au troisième, à gauche.

BONISSOL.

Au deuxième, à droite.

ARCHIMÈDE.

Au troisième, à gauche!...

BONISSOL.

Mais non, là où vous dites, ce sont les commissions,
celle du Phylloxera et celle des Odeurs de Paris.

ARCHIMÈDE.

Je sais ce que je dis.

Bonissol lève les épaules.

MADAME BONISSOL.

Meubler pareillement un appartement pour y recevoir
un mannequin !...

ARCHIMÈDE.

Un tuteur qui tapisse des boudoirs pour son pupille !

BONISSOL, à Corneille.

Vous allez nous rendre vos comptes, monsieur!...

CORNEILLE.

Ils sont prêts, monsieur.

MADAME BONISSOL.

Nous verrons bien, monsieur.

CORNEILLE.

J'ai préparé tout ça cette nuit. Compte du mineur Ducollier, voilà...

Il dépose des papiers sur la table.

ARMANDINE.

Pauvre Corneille!

BONISSOL, aux autres *.

Asseyez-vous.

CORNEILLE.

Il commande en maître.

* Armandine, Archimède, Corneille, madame Bonissol, Bonissol.

BONISSOL.

M. le juge de paix ne saurait tarder. En attendant et en ma qualité de subrogé-tuteur il est de mon devoir de vous donner connaissance de certains articles du code.

ARCHIMÈDE, ARMANDINE, MADAME BONISSOL.

Parlez!...

CORNEILLE.

La haine contre un seul les réunit en faisceau!...

BONISSOL, récitant avec emphase.

Art. 444. Seront destituables de la tutelle les gens d'une inconduite notoire.

ARMANDINE.

Le mot est dur...

MADAME BONISSOL.

Il est au-dessous de la vérité.

ARCHIMÈDE.

Inutile d'aller plus loin!...

BONISSOL.

Art. 445. Toutes les fois qu'il y aura lieu à une destitution de tuteur... Ah! je l'ai pioché mon code.

CORNEILLE.

Ça se voit!...

BONISSOL.

Elle sera prononcée par le conseil de famille...

MADAME BONISSOL.

C'est nous.

ARCHIMÈDE, achevant la phrase.

Convoqué par le subrogé-tuteur.

BONISSOL.

C'est moi...

CORNEILLE.

Allez, allez toujours ! Inconduite notoire... Il faut les regarder.

On frappe.

BONISSOL et ARCHIMÈDE.

Ce doit être le juge de paix.

MADAME BONISSOL, ouvrant la porte.

Entrez, monsieur.

SCÈNE IX

LES MÊMES, LE COMMISSAIRE DU PHYLLOXERA,
entrant par la droite, deuxième plan.

LE COMMISSAIRE, à madame Bonissol.

C'est bien vous qui m'avez fait demander ?...

MADAME BONISSOL.

Oui, mon juge...

LE COMMISSAIRE.

Vous m'excuserez d'être venu si tard. (Il s'installe devant la table.) Veuillez prendre place. J'arrive de Suresnes où j'ai vu d'honnêtes propriétaires de vignes aussi éprouvés que vous.

MADAME BONISSOL.

C'est impossible, mon juge.

BONISSOL et ARCHIMÈDE.

Impossible !

LE COMMISSAIRE.

Oh! si. D'ailleurs nous apprécierons. (Il s'asseoit.) Qui est le récalcitrant ?...

7.

TOUS, montrant Corneille *.

Le voilà!...

LE COMMISSAIRE, à Corneille.

Vous avez tort de vous obstiner.

CORNEILLE.

Mes comptes sont en règle.

MADAME BONISSOL.

On l'a encore changé, le juge de paix. L'autre fois, c'était un petit, jeune, assez joli.

BONISSOL.

Il a peut-être donné sa démission!...

LE COMMISSAIRE.

Nous sommes au complet?...

ARMANDINE.

Il nous manque madame Bartavel.

LE COMMISSAIRE.

Plaît-il?

ARCHIMÈDE et ARMANDINE.

Il nous manque madame Bartavel.

LE COMMISSAIRE.

Je suis un peu dur d'oreille.....

CORNEILLE.

Il est sourd comme un pot!...

BONISSOL, se levant.

Madame Bartavel manque au conseil familial qui doit suivant la loi se composer de six membres, trois du côté

* Corneille, Armandine, Archimède, le commissaire, madame Bonissol, Bonissol.

paternel, ce sont les hommes évidemment. Nous voilà. Et trois du côté maternel, ce sont les femmes, sans aucun doute, les voilà.

ARCHIMÈDE.

Moins la cousine!...

BONISSOL.

Mais la loi dit ...

ARCHIMÈDE.

Voilà un homme!...

BONISSOL.

Art. 415. La présence des trois quarts au moins des membres convoqués sera nécessaire. Nous sommes donc dans les limites de la loi; d'ailleurs, monsieur le juge de paix a voix délibérative en cas de partage.

CORNEILLE.

Il l'a pioché son code... Puisque nous sommes cinq, il n'y aura pas de partage.

ARMANDINE.

C'est juste!...

ARCHIMÈDE.

C'est juste.

MADAME BONISSOL.

C'est juste.

BONISSOL.

C'est juste.

LE COMMISSAIRE.

Vous avez terminé votre déposition ?...

BONISSOL.

Pardon!... Monsieur le juge, je commence!...

LE COMMISSAIRE.

Permettez. Auparavant, je désirerais me rendre compte par moi-même de quelque chose. (A part.) C'est toujours là que je les pince. (A Armandine.) Madame ?...

ARMANDINE, se levant.

Monsieur le juge de paix ?

LE COMMISSAIRE, à part.

Jolie personne. (A Armandine.) Vous seriez bien aimable de me faire donner un verre de vin, mais du crû même... là... au pied du Mont-Valérien. Je regardais ces vignes ce matin en allant à Suresnes.

CORNEILLE.

Mais c'est un marchand de vins.

BONISSOL.

Qu'est-ce qu'il dit ?...

ARCHIMÈDE, à Bonissol.

Flattons sa manie... il a soif.

LE COMMISSAIRE.

Je parie que cette bouteille...

Il montre la bouteille qui est sur le guéridon.

ARMANDINE, indignée.

Dans cette maison je n'y toucherai pas.

LE COMMISSAIRE.

L'insecte qui nous occupe ne mord pas, madame, c'est le doryphora, qui mord.

MADAME BONISSOL, apportant la bouteille et le verre.

Voilà, mon juge !...

LE COMMISSAIRE, se versant un verre et goûtant.

Ah ! merci. Acidulé, picotant, il y a trace du fléau.

Continuez.... le grand. (a part.) Je connais ça. Il va me conter l'apparition des premiers cépivores. Devant toutes les commissions, c'est la même chose.

CORNEILLE.

Qu'est-ce qu'il marmotte ?...

LE COMMISSAIRE.

Et c'est la troisième que je préside aujourd'hui... Ça dure une heure.

CORNEILLE, timidement.

Vous n'attendez pas le greffier ?...

BONISSOL, vivement.

Le greffier est inutile.

MADAME BONISSOL et ARCHIMÈDE.

Inutile, inutile !

BONISSOL.

Je formule. Ces dames et nous, justement émus de l'inconduite et des débordements de notre parent que voici, lesquels mettent en péril la situation pécuniaire, morale et physique de notre futur gendre...

LE COMMISSAIRE.

Heureusement que vous avez de précieux auxiliaires !...

ARCHIMÈDE et MADAME BONISSOL, croyant qu'il parle d'eux.

Oh ! monsieur.

LE COMMISSAIRE.

D'abord l'honnête trombidion.

MADAME BONISSOL.

Trombidion n'est pas de la famille.

ARCHIMÈDE.

Connais pas Trombidion.

LE COMMISSAIRE.

Continuez !

CORNEILLE.

Idiot ! (A Bonissol.) J'ai mes témoins.

BONISSOL.

On les entendra !... Venons demander la destitution immédiate dudit tuteur nommé par délibération d'un précédent conseil de famille en date du etc... et du etc., etc...

LE COMMISSAIRE.

Je saisis parfaitement. *Trombidium fuliginosum.* On le trouve surtout en Bourgogne.

BONISSOL, avec force.

Que dit la loi ?...

LE COMMISSAIRE, qui a entendu par hasard, se redressant.

Elle est formelle.

BONISSOL.

Dans toute tutelle, il y a un subrogé-tuteur, c'est moi, et ses fonctions consistent à protéger le mineur contre une gestion dangereuse ou notoirement imbécile.

ARCHIMÈDE et MADAME BONISSOL.

Bravo !...

LE COMMISSAIRE, s'endormant.

Gamisius viridis... Celui-là c'est le sauveur du Roussillon.

CORNEILLE.

C'est curieux !...

BONISSOL.

Voyez cet homme pâle et défait!...

CORNEILLE.

Par exemple.

BONISSOL.

N'est-ce pas lui?... N'est-ce pas le propagateur d'un système impossible, neuf, mais antisocial qui mériterait d'être mis en tutelle?

CORNEILLE, regardant le juge.

Il va dormir, le juge il a raison.

LE COMMISSAIRE.

Tertio : *Héliotrips*, et quarto : *Cymnus indestructibilis*. Le Médoc en est tout noir, noir, noir.

BONISSOL.

Je suis le porte-voix de la famille et voilà ce que nous demandons.

TOUS.

C'est vrai!...

LE COMMISSAIRE, se réveillant.

Je saisis parfaitement.

CORNEILLE.

Il n'y a rien compris...

LE COMMISSAIRE.

Puis un grand bruit s'est répandu dans Israël. L'ennemi est au sein de notre famille, s'est écrié ce peuple. Et tout à coup, n'est-ce pas?... les vignes sont devenues rousses?...

ARCHIMÈDE.

Il parle par paraboles.

MADAME BONISSOL.

Les vignes?... Quelles vignes?...

CORNEILLE.

C'est une figure, écoutez donc.

LE COMMISSAIRE.

Puis elles se sont liées inextricablement entre elles.
Ainsi les membres d'une même famille se groupent et
s'unissent pour écarter d'eux le membre gangrené!...

TOUS.

Bravo!...

Hercule entr'ouvre la porte de sa chambre, Suzanne en fait autant
de la sienne.

SCÈNE X

LES MÊMES, HERCULE, SUZANNE.

SUZANNE, à part.

C'est une cour d'assises!... Ecoutons!...

HERCULE, bas, à Corneille.

Ripostez, mon oncle, ripostez.

CORNEILLE, bas, à Hercule.

Tiens, te voilà! Ecoute-moi ça.

HERCULE.

Je vais vous souffler!...

CORNEILLE.

Monsieur le juge de paix, je ne répondrai que par le
dédain aux insinuations ridicules de l'honorable préopi-

nant. Dans le silence du cabinet, je vous développerais ma méthode!...

TOUS.

Il ne s'agit pas de ça!...

CORNEILLE.

Vous ne voulez pas me laisser parler!...

LE COMMISSAIRE.

Ayez une réplique brève et dites-nous pourquoi vous n'avez pas voulu défendre les champs paternels contre l'invasion du fléau?... (A part.) Le sulfure de carbone, c'est si simple!...

CORNEILLE, sans l'entendre.

J'ai voulu me distinguer des autres parce que je ne veux pas que mon neveu s'en aille plus tard...

HERCULE, lui soufflant.

Sous des pseudonymes espagnols...

CORNEILLE.

Sous des pseudonymes espagnols...

MADAME BONISSOL, à Bonissol.

Vous entendez?...

HERCULE, de même.

Faire la cour à des Victoria de Saint-Florin...

CORNEILLE.

Faire la cour à des Victoria de Saint-Florin...

HERCULE, de même.

Chez les couturiers à la mode.

CORNEILLE.

Chez les couturiers à la mode...

MADAME BONISSOL, à Bonissol.

Vous entendez, monsieur?...

BONISSOL.

Oui! j'entends bien.

HERCULE, de même.

Où l'on photographie les dames...

CORNEILLE.

Où l'on photographie les dames...

HERCULE.

Dans le costume de la *Mouche d'or*.

CORNEILLE.

Dans le costume de la *Mouche d'or!*... Au reste mon système est tellement parfait qu'il a réussi beaucoup plus vite que je ne l'espérais et que mon neveu est maintenant prêt à épouser sa cousine Agnès.

SUZANNE, à part.

Que dit-il?... Sa cousine Agnès.

ARCHIMÈDE, coléreux.

Ah! par exemple, je lui conseille de crier... Moi aussi j'ai droit à la parole.

MADAME BONISSOL, agitée, au commissaire.

Certainement!...

ARCHIMÈDE, furieux.

Et je la prends... Savez-vous bien, monsieur le juge de paix, ce qu'on lui faisait apprendre, à notre neveu, chez les couturiers à la mode?

ARMANDINE, avec terreur.

Ah! Archimède!

MADAME BONISSOL, en regardant son mari.

N'insistez pas.

ARCHIMÈDE, tirant une photographie.

Voilà ce qu'on lui donnait à étudier!...

LE .COMMISSAIRE, prenant la photographie.

Donnez! donnez!... Mazette, le joli déshabillé... C'est un portrait de famille?...

TOUS, avec indignation.

Ah! quelle question!...

ARCHIMÈDE, sévère.

Non, monsieur! le portrait de famille, le voilà.

TOUS.

Hein?...

ARCHIMÈDE.

Il est écrasant. (Il tire une autre photographie et imitant l'accent de Simpson.) A madame des Petits-Vallons, la question d'O-rient!...

ARMANDINE, pleurant.

Ah! que c'est mal, monsieur, que c'est mal!...

MADAME BONISSOL.

Que dit-il?. .

ARCHIMÈDE.

Regardez, monsieur le juge de paix.

Il lui donne le portrait.

LE COMMISSAIRE, gracieux, regardant Armandine.

Oh! très ressemblant, madame!... Et un galbe!...

ARCHIMÈDE, aux parents.

Vous ne vous attendiez pas à celle-là. (Au commissaire.) Eh! bien, oui! monsieur... tel que vous me voyez, il m'a été donné d'opérer moi-même, chez le sieur Simpson.

CORNEILLE.

Pas possible!

BONISSOL, riant.

Vrai de vrai!

MADAME BONISSOL.

Ah! l'horreur!... (*Furieuse. — A son mari.*) Silence, brigand!

ARCHIMÈDE.

Le secret m'étouffait... cependant je l'ai bien gardé. Oui! j'ai opéré, et c'est ma propre femme que j'ai saisie au vol. (*Imitant Simpson.*) Ne bougeons plus. (*Il fredonne le Danube bleu. Corneille, Bonissol et Archimède se mettent à danser.*) Voilà où nous a conduits mossieu.

Il montre Corneille.

LE COMMISSAIRE, à part.

Ce n'est pas possible! je suis chez des photographes!... (*Haut.*) Mais l'affaire n'est pas là!

CORNEILLE, vivement.

Pardon!...

ARCHIMÈDE, de même.

Pardon... elle est là... précisément!...

BONISSOL, de même.

Elle n'est que là... monsieur le juge.

LE COMMISSAIRE.

Combien récoltez-vous d'hectolitres par an?...

MADAME BONISSOL, très fort.

La question n'est pas là... mon juge.

LE COMMISSAIRE, qui a entendu.

Appelez-moi monsieur le commissaire, s'il vous plaît!...

TOUS, étonnés et se levant.

Le commissaire?...

LE COMMISSAIRE.

Ah ça! qu'est-ce qu'ils ont donc?... Voulez-vous bien

vous asseoir... ils sont enragés. (Ils s'asseoient. — A Corneille.)
Parlez-nous enfin du phylloxera.

CORNEILLE.

De quel phylloxera?

BONISSOL, fort.

Au fait oui... de quel phylloxera?

LE COMMISSAIRE.

Ah ça! vous fichez-vous de moi?... Nous sommes ici
pour parler de phylloxera et vous ne m'en avez pas encore soufflé mot.

ARCHIMÈDE, fort et frappant sur la table.

Nous sommes ici pour parler de notre neveu Hercule.

MADAME BONISSOL, de même.

Et de sa vie de polichinelle!...

LE JUGE.

Polichinelle!... Moi!... Ah! c'en est trop... Une fois
deux fois... voulez-vous vous taire?

BONISSOL.

Au vote!... nous en finirons tout de suite.

Ils se lèvent tous.

CORNEILLE.

Il est toqué, l'arbitre.

MADAME BONISSOL.

Au vote!...

ARCHIMÈDE.

Votons, et que ça finisse!...

LE COMMISSAIRE, se levant.

Voulez-vous accepter le remède du gouvernement?...

BONISSOL, présentant son chapeau au commissaire.

Au vote!...

LE COMMISSAIRE.

Comment! il faut lui payer son sulfure de carbone par souscription... Allons, mieux vaut en finir à l'amiable. (Il jette des sous dans le chapeau.) Je mets dix sous pour donner l'exemple.

On sonne.

UN FACTEUR du télégraphe.

Une dépêche.

BONISSOL.

Donnez...

UN FACTEUR.

Pour M. le commissaire du phylloxera.

BONISSOL.

Ce n'est pas ici.

LE FACTEUR.

Pardon! je le connais assez, c'est ce vieux-là! il est sourd!...

ARCHIMÈDE.

Je me suis trompé d'étage!...

BONISSOL.

Là ! qu'est-ce que je disais?...

LE COMMISSAIRE, lisant.

Le phylloxera vient d'envahir Montmorency!...Je cours à la gare du Nord. Une voiture, une voiture !

CORNEILLE.

Admirable!... admirable !

BONISSOL, à Archimède.

C'est une fumisterie, monsieur!...

ARCHIMÈDE.

Il fallait aller le chercher vous-même!...

MADAME BONISSOL.

Encore un scandale!...

TOUS.

A la porte!... A la porte!

Ils entourent le commissaire.

LE COMMISSAIRE, *prenant la bouteille.*

Vous protestez... j'emporte le corps du délit... et vous
verrez l'amende!...

TOUS.

A la porte!... à la porte!...

Tous sortent par la droite en le poussant dehors.

SCÈNE XI

HERCULE, SUZANNE.

HERCULE, *courant après Corneille.*

Mon oncle!...

SUZANNE, *l'arrêtant.*

Vous ne vous sauverez pas ainsi... là... de cette chambre... j'ai tout entendu...

HERCULE.

Entendu quoi?...

SUZANNE.

Ah!... vous allez vous marier si vite que cela.

HERCULE.

Pincé!...

SUZANNE.

Et vous me parliez de vos cordes qui vibraient...

HERCULE.

Mais oui... elles vibrent encore... Croyez-vous que j'aime ma cousine Agnès?

SUZANNE.

Vous ne l'aimez pas... et vous allez l'épouser.

HERCULE.

Je suis une victime qu'on veut traîner à l'autel.

SUZANNE.

Et moi! que suis-je dans tout cela?... le mannequin du conjungo.

HERCULE.

Pouvez-vous croire?...

SUZANNE, à part.

J'ai été prudente heureusement.

HERCULE, à part.

Il n'y a rien à faire avec cette femme-là... Elle a la monomanie du mariage... (Apercevant Simpson et Léopold qui entrent à gauche.) Ah!... Simpson et Léopold.

SCÈNE XII

Les Mêmes, SIMPSON, LÉOPOLD, entrant par la gauche.

SIMPSON.

Assignés tous les deux comme témoins...

LÉOPOLD.

Nous arrivons pour assister au conseil familial.

HERCULE.

Il est fini... Ah ! il a été joli le conseil familial. *Trombidium fuliginosum.* (Bas à Léopold.) Elle sait que je vais me marier, tout est rompu entre nous.

LÉOPOLD, à part.

Parfait... cela me réconciliera avec Armandine.

SIMPSON.

Chère belle, deux minutes d'entretien ?... Il y va de ma fortune. (A Hercule et à Léopold.) Vous n'êtes pas de trop... Eh bien ! depuis que vous avez quitté ma maison, je ne fais plus un sou.

SUZANNE.

Que voulez-vous que j'y fasse ?

SIMPSON.

Elle le demande. Elle a raison... Ce que je veux que vous y fassiez, Suzanne ?.. L'homme aux théories me le disait là tout à l'heure. Je veux que vous soyez ma femme.

HERCULE et LÉOPOLD étonnés.

Hein ?...

SUZANNE, à part.

Sa femme... mon rêve se réaliserait?...

SIMPSON.

Il est réalisé .. Je vous épouse.

LÉOPOLD, à part.

C'est dommage... j'avais espéré qu'une fois Hercule parti, j'aurais pu...

HERCULE, goguenard.

Pardon, couturier... mais il est peut-être un peu tard.

SIMPSON.

Ne faites pas le malin... jeune homme... je le sais, elle est intacte.

LÉOPOLD, à part.

Sapristi ! je la regrette encore davantage.

HERCULE.

Plaît-il ?

SUZANNE.

C'est vrai.

HERCULE.

Malheureux, vous allez me perdre. Mais comment supposez-vous?...

SIMPSON.

Eh ! Zoé m'a tout dit. Je sais que je puis traiter à nouveau, et cette fois, pour ne pas perdre mon modèle, j'épouse.

Bruit de voix au dehors.

SCÈNE XIII

CORNEILLE, ramenant BONISSOL et LES AUTRES, puis LE COMMISSAIRE.

CORNEILLE.

J'ai donc pu vous faire entendre raison!...

BONISSOL.

Nous voulons bien revenir, mais il faut fixer le mariage, séance tenante.

CORNEILLE *.

Accordé!...

SIMPSON, présentant Suzanne.

Mesdames, messieurs, ma femme...

TOUS, avec étonnement.

Ah!...

MADAME BONISSOL, avec dignité à Agnès.

Reste là, ma fille...

AGNÈS.

Oui, maman, mais tu me l'as promis, on va me marier, n'est-ce pas?

SIMPSON.

Veuillez m'entendre. (A Corneille.) Je vous rends le dédit. (Lui donnant deux chèques.) Voici un autre chèque pour le petit hôtel... et le reste...

CORNEILLE.

Comment?...

* Bonissol, Archimède, Corneille, madame Bonissol, Armandine, Léopold et Agnès au fond. Simpson, Suzanne, Hercule.

SIMPSON.

Les centimes additionnels constitueraient seuls une rétribution... usuraire pour ce qu'il a pu apprendre!...

CORNEILLE, furieux.

Hein?... (A Hercule.) C'est vrai?

HERCULE, baissant les yeux.

C'est vrai!... (Pleurnichant.) Mais c'est de votre faute !

MADAME BONISSOL et ARCHIMÈDE.

C'est vrai?...

HERCULE, même jeu.

C'est vrai!... Et je le regrette bien !

MADAME BONISSOL, à Agnès.

Agnès ! Agnès ! Embrasse ton mari... il est toujours digne de toi.

AGNÈS.

Quel bonheur ! (A Hercule.) Alors votre éducation est terminée ?

LE COMMISSAIRE, entrant précipitamment par la droite *.

J'ai manqué le train.

TOUS, avec impatience.

Ah !...

LE COMMISSAIRE.

Mais... j'ai étudié la question à fond.

Il retourne la bouteille.

CORNEILLE, puis les autres.

Allez-vous en... allez-vous en !...

* Armandine, Léopold, Bonissol, Archimède, Corneille, le commissaire, Simpson, Suzanne, madame Bonissol, Agnès, Hercule.

LE COMMISSAIRE, obstiné.

Dormez tranquilles. Il n'y a pas plus de phylloxera chez vous que sur la main.

ARCHIMÈDE, à Corneille, railleur.

Eh bien! il est joli ton système!...

SIMPSON, ironique.

Il est écrasant.

CORNEILLE, montrant Agnès et Hercule.

Mon système?... Laisse donc... Je serai le parrain de leur premier... Et celui-là... je le prendrai au biberon!

FIN

Imprimerie générale de Châtillon-sur-Seine, Jeanne Robert.

LANGLOIS-FRÉVILLE

De l'Odéon

NOUVEAU TRAITÉ

DE

RÉCITATION ET DE PRONONCIATION

PRÉCÉDÉ D'UNE LETTRE DE **M. GOT**

ET D'UNE LETTRE DE **GEORGE SAND**

Après nous être rendue acquéreur du *Traité théorique et pratique de récitation*, nous avons demandé à M. Langlois-Fréville d'augmenter et de remanier son ouvrage afin de justifier le titre de : *Nouveau traité de récitation et de prononciation* que nous désirions lui donner, et M. Langlois-Fréville, ayant suivi nos conseils, n'a pas eu sujet de s'en repentir : son œuvre augmentée et achevée a été patronnée par M. Got, sociétaire doyen de la Comédie-Française et professeur au Conservatoire et à l'École normale supérieure.

Nous avons reçu de nombreuses commandes de chefs d'établissements d'éducation et d'instruction de France et de Belgique.

M. Eugène Manuel, inspecteur général de l'instruction publique, membre du Conseil supérieur, a félicité M. Langlois-Fréville, ainsi que MM. Regnier, Delaunay, Worms, professeurs au Conservatoire de musique et de déclamation, puis, M. Dupont-Vernon, professeur de diction au collége Stanislas, M. Comte, professeur à l'Institution nationale des sourds-muets, ont ajouté leurs éloges à ceux de ces hommes éminents.

Enfin, le *Traité de Récitation* qui, primitivement avait été admis à concourir au prix Monthyon et honoré d'une lettre de George Sand, d'appréciations de membres de l'Institut, des souscriptions de MM. les ministres de l'instruction publique, de l'intérieur et de la justice, des rapports de MM. Carteron et Fournier à la société pour l'instruction élémentaire, a encore été, dernièrement, l'objet d'articles louangeurs dans un grand nombre de journaux; on peut s'en convaincre en feuilletant dans la presse parisienne :

Le *Moniteur Universel*, la *Patrie*, la *France*, le XIXᵉ *Siècle*, le *National*, le *Voltaire*, le *Soleil*, l'*Esprit pratique*, la *Gazette anecdotique*, le *Moniteur de l'armée*, l'*Avenir militaire*, la *Lanterne*, le *Tintamarre*, le *Voleur illustré*, la *Presse de Londres*, la *Science pour tous*, le *Journal des instituteurs*, l'*Instruction publique*, la *Revue bibliographique*, etc , etc.

Dans la presse de province, on lit encore d'excellents comptes-rendus de ce manuel. Voir :

L'*Écho du Nord*, le *Journal de Cherbourg et du département de la Manche*, le *Journal d'Éducation physique, morale et intellectuelle*, etc., etc.

Voici quelques lignes du second chapitre du *Nouveau traité de récitation et de prononciation* qui donnent le plan de cet ouvrage :

« La première partie de ce traité est divisée en dix-sept chapitres répondant successivement aux dix exigences de la récitation.

» La seconde partie, en même temps qu'elle met sous les yeux une méthode simple et pour ainsi dire mécanique qui doit faire arriver à bien dire, traite des différents tons :

» De la *Leçon ordinaire*, du *Conte*, de la *Fable*, de l'*Épître*, de la *Satire*, de l'*Élégie*, de l'*Ode*, du *Poème*, de la *Narration*, du *Discours*, du *Sermon*, du *Monologue* et du *Dialogue*.

» Le premier chapitre du Manuel consacré à *la lecture à haute voix* résume ainsi que tout le livre les principes que Molière, Shakespeare, Baron, mademoiselle Clairon, Talma, Lekain, François Riccoboni, Sabattier, Saint-Lambert, Saulecque, Beauzée, Gaichiès, le cardinal Maury, Morin de Clagny, Duquesnoy, Aristippe, Lhomond, Chapsal, Bescherelle, Samson, Chervin, Legouvé, Ricquier, Dupont-Vernon, Ernest Gervaise et autres ont donnés sur l'Art de bien dire, négligé depuis trop longtemps dans les pensions, les collèges, les lycées, et les séminaires, et dont l'Université réclame incessamment l'étude.

» A la fin du *Nouveau traité de récitation et de prononciation*, nous donnons des appréciations des comptes-rendus et des articles qu'il a suscités; mais, dans notre quatrième édition que nous mettons sous presse, nous augmenterons le nombre de ces témoignages prouvant la bienvenue et l'utilité de l'ouvrage de M. Langlois-Fréville. »

TRESSE, ÉDITEUR,

10, Galerie du Théâtre-Français, Palais-Royal.

EN VENTE CHEZ LE MÊME ÉDITEUR